Antología poética

Literatura

Gerardo Diego

Antología poética

Selección e introducción
de Francisco Javier Díez de Revenga

El libro de bolsillo
Literatura española
Alianza Editorial

Diseño de cubierta: Alianza Editorial
Ilustración de cubierta: Ángel Uriarte

© Herederos de Gerardo Diego
© de la selección y la introducción: Francisco Javier Díez de Revenga
    Torres, 2007
© Alianza Editorial, S. A., Madrid, 2007
    Calle Juan Ignacio Luca de Tena, 15;
    28027 Madrid; teléfono 91 393 88 88
    www.alianzaeditorial.es
    ISBN: 978-84-206-6129-2
    Depósito legal: M. 41.313-2007
    Fotocomposición e impresión: EFCA, S. A.
    Parque Industrial «Las Monjas»
    28850 Torrejón de Ardoz (Madrid)
    Printed in Spain

SI QUIERE RECIBIR INFORMACIÓN PERIÓDICA SOBRE LAS NOVEDADES DE
ALIANZA EDITORIAL, ENVÍE UN CORREO ELECTRÓNICO A LA DIRECCIÓN:

alianzaeditorial@anaya.es

Introducción

La poesía de Gerardo Diego suele ser caracterizada por su fecunda variedad, y el mismo poeta señaló en más de una ocasión que a él le interesaba del mismo modo la tradición que la modernidad, que igual seguía la retórica más clásica que se fabricaba una nueva para su uso particular. Por ello una lectura de los poemas de Gerardo Diego nos transmite ese mismo tono de lo diverso, aunque si profundizamos en el sentido y contenido de estos poemas y en sus conformaciones métricas, podremos advertir que, aun siendo variados los registros, siempre hay una cohesión y una unidad, un estilo podríamos decir, el mismo que hizo de la poesía de Gerardo Diego una experiencia singular, que se dilató a lo largo de muchos años. Nos hemos referido en más de una ocasión a la permeabilidad de las distintas modalidades de su poesía, a cómo versos que pueden pasar por ser de lo más avanzado y vanguardista dejan sentir rasgos de lo más tradicional, y, al mismo tiempo, estrofas de lo más clásico contienen en su interior imágenes del más avanzado vanguardismo. No podía ser de otro modo en un escritor de una gran formación intelectual y filológica, de una gran solidez como lector de la literatura clásica, especialmente de nuestros poetas del Siglo de Oro, pero al mismo tiempo amante del riesgo literario, del atrevimiento vanguardista más avanzado.

Por todo ello, asistimos a la sucesión de diferentes modalidades poéticas a lo largo del tiempo, con regresos y avances, además de simultaneísmo en la práctica del arte más moderno o del más clásico. Y hallaremos en toda esta poesía las que podemos señalar como cualidades fundamentales de la lírica de Gerardo Diego: cultivo de la tradición literaria española, culta o popular, junto al arte de vanguardia, que, tras una breve experiencia ultraísta, se desarrollará en un particular creacionismo, que el poeta aprendió muy joven bajo el magisterio del poeta chileno Huidobro y de los artistas de la vanguardia francesa de los últimos años de la segunda década del siglo, entre ellos su adorado Juan Gris. Por otro lado, sus maestros áureos, empezando por Góngora, pero deteniéndose con delectación en el magisterio de Lope de Vega, aunque también San Juan de la Cruz, Fray Luis de León y algunos más recónditos como el conde de Villamediana. Pero no sólo ellos, la poesía española más reciente, desde Bécquer y Rubén Darío hasta el magisterio definitivo de Juan Ramón, determinó líneas de actuación, formas de construir, actitudes ante la belleza, reacciones ante el amor, la muerte, la naturaleza, el paisaje, que fueron adquiriendo cada vez una mayor personalidad, una más definida singularidad, de manera que el discípulo se independizó de los maestros y siguió su línea ascendente que culminó en los intensos poemas de la senectud.

No es menos variado el universo poético de Gerardo Diego, y ya hemos aludido a algunas preferencias temáticas, empezando por el amor, pero también la naturaleza, el paisaje o los paisajes de una España bien conocida con atención a los lugares donde el poeta nace o vive: Santander, Soria, pero también Castilla o Andalucía, sin olvidar el retablo gallego de Compostela, entre otros muchos lugares, lugares que vibran en su evocación y recuerdo y que transmiten un sentimiento de elevación muy personal. Pero no quedan ahí los intereses de este poeta variado y complejo: la vida espiritual, la religión practicada y sentida con intimidad, el mundo de la música, su música y sus músicos, cuya genialidad intentó reproducir con palabras aun sabiendo que el intento era vano. O el fastuoso y particular mundo de la fiesta taurina, a la que tan aficionado era, y que intentó, y posiblemente logró como pocos, inmortalizar en el arte de su palabra poética, enriquecida por la belleza de imágenes y metáforas. Y, por encima de todas estas realidades, en la poesía de Gerardo Diego está su memoria de la vida, su manera de entender a su prójimo, con el que quiere comunicarse y con el que quiere reflexionar sobre conductas, sobre pasiones y sobre virtudes y vicios, que a veces son censurados con jocosas representaciones en el género por él inventado de la jinojepa.

El poeta

Gerardo Diego Cendoya nació en Santander el 3 de octubre de 1896. Su familia poseía una tienda de tejidos, El Encanto, en el bajo de la casa de Atarazanas, 7, donde nació el poeta. Entre 1906 y 1912 estudia Bachillerato en el Instituto General y Técnico de Santander, donde tendrá entre sus profesores a Narciso Alonso Cortés, que muchos años más tarde contestaría su discurso de ingreso en la Real Academia Española. Estudia Filosofía y Letras en la Universidad de Deusto, entre 1912 y 1916. Se examina en Salamanca y el último año en Madrid, donde obtiene la Licenciatura, con excelentes calificaciones. En Deusto sería compañero de Juan Larrea y en Salamanca se examinaría con Unamuno. En Madrid, con Menéndez Pidal y Américo Castro.

En 1918, en su ciudad natal, publica su primera obra, un cuento, *La caja del abuelo,* en *El Diario Montañés.* Y ya en 1919, cuando se había trasladado a vivir a Madrid, co-

mienza sus primeras publicaciones en las revistas de vanguardia, *Grecia, Cervantes* y *Ultra*. Participa en las tertulias
madrileñas e inicia amistad con los propulsores de la literatura nueva, desde los veteranos, Rafael Cansinos Assens,
Isaac del Vando-Villar y Eugenio Montes, hasta los más jóvenes, José de Ciria y Escalante y Guillermo de Torre. El 16 de
noviembre de 1919 habla en el Ateneo de Santander sobre
«La poesía nueva» y genera una fuerte polémica. Comienza
su amistad con todos los poetas de la «joven literatura».

En 1920 obtiene, por oposición, ante un tribunal presidido por Emilia Pardo Bazán, la cátedra de Lengua y Literatura del Instituto de Soria. Con el primer sueldo, tal como le
había aconsejado Ramón Gómez de la Serna, publica *El romancero de la novia,* su primer libro. Conoce a Juan Ramón
Jiménez, por mediación de su amigo León Felipe. En diciembre conoce a Antonio Machado, y un año después co-
nocen en Madrid, Juan Larrea y él, a Vicente Huidobro, con
el que inician amistad. Huidobro los invita a viajar a París
para conocer a los vanguardistas franceses. En 1922, en Soria, lleva a cabo un curso sobre la historia del teatro español
con representaciones teatrales, en las que participa como ac-
tor. Publica, en Madrid, *Imagen,* y en agosto, viaja a París y a
Normandía, para visitar a Vicente Huidobro, quien lo acom-
paña a conocer a los vanguardistas del cubismo francés, entre los que se encuentran Juan Gris, Fernand Léger, María
Blanchard...

En 1923 traslada su cátedra al Instituto de Gijón. Publica
Soria. Galería de estampas y efusiones. Colabora en la *Revis-
ta de Occidente,* que acaba de fundar José Ortega y Gasset.
En Gijón, reuniones y tertulias con Moreno Villa y los pinto-
res asturianos Nicanor Piñole, Paulino Vicente y Evaristo
Valle. En 1924 publica *Manual de espumas*. Nuevo viaje a
Francia para visitar a Vicente Huidobro y a Juan Larrea, en
septiembre. Reuniones con Juan Gris. Larrea le presenta a
César Vallejo.

La revista *Intentions* lo incluye, en París, como represen-
tante de la joven literatura española. En 1925 obtiene el Premio Nacional de Literatura por *Versos humanos*. Rafael Alberti recibiría otro premio nacional por *Marinero en tierra*.
El libro se imprime en otoño. En sus visitas a Madrid asiste a
la tertulia del Pombo. En un viaje a Andalucía se reúne en
Granada con Manuel de Falla y en Málaga con Altolaguirre
e Hinojosa. Comienza a escribir, en 1926, poemas taurinos
para un libro que tardaría años en publicarse, *La suerte o la
muerte*. Son «Torerillo de Triana» y «Elegía a Joselito». Conoce a Juan Belmonte y empieza a componer una oda para
él. Organiza y participa en los actos del centenario de Góngora a lo largo de 1927.

Publica la *Antología poética en honor de Góngora*, y en diciembre aparecen dos revistas ideadas y dirigidas por el poeta: *Carmen (Revista chica de poesía española)* y su suple-
mento *Lola*. El año finaliza con la excursión a Sevilla y los
actos en el Ateneo conmemorativos de Góngora.

Viaja en 1928 a la Argentina, donde se reunirá con Amado Alonso y Alfonso Reyes, Fernández Moreno, Molinari,
Bernárdez y Borges. Entabla contacto con el grupo «Crite-
rio» y con Arturo Rubinstein. De nuevo en España, conoce
en Burgos, en los cursos de verano de 1929, a la estudiante
francesa Germaine Marin, con la que entabla relaciones. En
1931 publica *Viacrucis* y consigue el traslado al Instituto de
Santander. Publica, en 1932, *Poesía española. Antología
1915-1931*, que da lugar a una gran polémica. En México
aparecen *Fábula de Equis y Zeda* y *Poemas adrede*. Interina-
mente, traslada su cátedra al Instituto Velázquez de Madrid.

La segunda edición de su *Poesía española. Antología
(Contemporáneos)*, con nueva polémica, aparece en 1934.
En junio se casa en Sentaraille (boda religiosa) y en Toulouse
(boda civil) con Germaine Marin. Viaje de bodas a Italia. En
noviembre realiza un largo viaje, con Julio Palacios, en misión cultural a Filipinas. Conferencias en Manila. Visitas al

archipiélago y regreso por Célebes, Bali, Java, Sumatra y Port Saïd. Regresa de Filipinas en marzo del año siguiente. Desembarca en Marsella.

De nuevo en Madrid se convierte en crítico musical del diario *La Libertad*. En mayo nace su hija Elena. Inicia sus veraneos en Sentaraille, que serán habituales en la familia excepto los años 1941 y 1942 por estar cerrada la frontera. En enero de 1936, de nuevo catedrático del Instituto de Santander. Al terminar el curso, marcha a su veraneo en Sentaraille, donde le sorprende la rebelión militar. Al terminar el verano se traslada a vivir a Toulouse, donde, en enero del año siguiente, nace su hijo Javier.

En septiembre regresa a Santander y tras un proceso de «depuración» se reintegra a su cátedra. En mayo de 1938, nace en Santander su hija Isabel y en 1939 traslada su cátedra al Instituto Beatriz Galindo de Madrid. En 1940 publica su primer libro tras la guerra, *Ángeles de Compostela*. En julio, nace su hijo Luis. En 1941 aparece *Alondra de verdad*. En verano, en Sentaraille, escribe *La sorpresa* y da cuenta de los perniciosos efectos de la guerra mundial en la sociedad francesa. En 1942, en mayo, nace su hijo Julián. En 1944 publica *La sorpresa (Cancionero de Sentaraille)*.

Comienza, en 1946, su colaboración con Radio Nacional de España a través de un tiempo de radio titulado *Panorama poético español* que se mantendrá hasta bien entrados los años setenta. En julio nace su hijo Carlos. En 1947 es elegido Académico de Número de la Real Academia Española. En 1948 publica *Hasta siempre, Soria* y *Ángeles de Compostela,* en su edición ampliada. El 15 de febrero ingresa en la Real Academia con el discurso *Una estrofa de Lope*. Le contesta Narciso Alonso Cortés, su antiguo profesor de bachillerato. Crítico musical del diario *La Tarde* de Madrid, en 1949 publica *La luna en el desierto y otros poemas,* y en 1951 *Limbo*.

Los libros y los viajes se suceden a partir de esta fecha con asiduidad y frecuencia, que ponen de relieve la fecundidad del poeta, que, al mismo tiempo, desarrolla una importante actividad como crítico literario, articulista de los más importantes periódicos madrileños *(ABC, Arriba, El Alcázar...)* y colaborador de Radio Nacional de España. Aparece su primera obra de vanguardia tras la guerra, *Biografía incompleta,* en 1953. *Amazona* en 1955. *Paisaje con figuras* en 1956. *Amor solo* en 1958, al mismo tiempo que una edición pirata de *Evasión* en Caracas.

En octubre de ese año viaja a México y se reencuentra con Manuel Altolaguirre, Luis Cernuda, León Felipe, Juan José Domenchina y Bernardo Casanueva. Conoce a Emilio Prados. Su anfitrión es Alfonso Reyes. Otros viajes a América suponen nuevos reencuentros. En noviembre, a Santo Domingo, Puerto Rico y Cuba con conferencias y curso en la Universidad de Río Piedras, donde se reúne con Ricardo Gullón, Américo Castro y Federico de Onís, y en noviembre-diciembre del año siguiente, a Buenos Aires (encuentros con Molinari, María Teresa León, Rafael Alberti, Ramón Gómez de la Serna, Jorge Luis Borges) y Montevideo (donde se reúne con Juana de Ibarbourou). En 1960 recibe el premio Calderón de la Barca por su única obra para el teatro, *El cerezo y la palmera,* «tríptico de Navidad».

Año fecundo en libros, 1961 es la fecha de *Glosa a Villamediana, La rama, Mi Santander, mi cuna, mi palabra* y la edición definitiva de *Ángeles de Compostela,* y 1962 la de *Sonetos a Violante.* En septiembre asiste en Oxford, con Menéndez Pidal, Madariaga, Lapesa y Dámaso Alonso, al Primer Congreso Internacional de Hispanistas, donde presenta la ponencia *El lenguaje poético en la actualidad.* Visita Londres. *El cerezo y la palmera* se estrena en el Teatro María Guerrero de Madrid, el 22 de diciembre. Publica *La suerte o la muerte* y *Nocturnos de Chopin* en 1963, y *El Jándalo* y *El cerezo y la palmera,* en 1964.

En noviembre-diciembre realiza un viaje de mes y medio a América Latina y en distintos lugares se encuentra con Miguel Ángel Asturias, Jorge Luis Borges, Pablo Neruda y Alejo Carpentier. Publica, en 1965, *Poesía amorosa 1918-1961.* En 1966, en un mismo volumen, sus dos libros *El Cordobés dilucidado* y *Vuelta del peregrino,* además de *Odas morales* y *Variación 2.* Se jubila como catedrático del Instituto Beatriz Galindo de Madrid. En un solemne acto, pronuncia su última lección, sobre Manuel Llano. Publica *Ofrenda a Chopin 1918-1962* en 1969, *La fundación del querer* y *Versos divinos* en 1970, *Cementerio civil* en 1972, y en 1975, *Carmen jubilar* y su libro sobre arte *28 pintores españoles contemporáneos vistos por un poeta.*

En 1976 reúne su lírica de vanguardia en un volumen titulado *Poesía de creación* y en 1977 todos sus poemas sorianos en *Soria sucedida.* En 1980 se le concede el Premio Miguel de Cervantes de 1979, que recibe de manos del rey Juan Carlos I, al mismo tiempo que Jorge Luis Borges, tras lo cual se suceden los homenajes y reconocimientos. Publica, en 1986, *Cometa errante,* en espera y anuncio de sus poesías completas cuya preparación da por terminada. Muere en su casa de Madrid el 8 de julio de 1987 y es sepultado en el cementerio de Pozuelo de Alarcón. Unos «versos divinos» acompañan la sepultura junto a un ciprés: «Ya me tienes vaciado, / vacante de fruto y flor, / desposeído de todo, / todo para Ti, Señor».

Vanguardia y creacionismo

El primer libro de vanguardia de Gerardo Diego recibió el título de *Evasión* y, en realidad, para el poeta, es el único ultraísta. Escrito entre 1918 y 1919, está compuesto con la intención de dar respuesta y hacer práctico su deseo de «evasión de prisiones, de jaulas estróficas o de otra índole, amor del riesgo y exploración de lo incógnito», como el mismo poeta afirmó, lo que pone de manifiesto el carácter experimental de los cincuenta y cuatro poemas que formaron la edición

venezolana, no autorizada, de 1958. Lo publicado de *Evasión* en España tan sólo está compuesto por veintitrés poesías que formaron, en 1922, la primera parte de *Imagen,* que
es el primer libro de poesía de vanguardia que llevará a la
imprenta Gerardo Diego.

De acuerdo con lo señalado, *Imagen* es un libro ultraísta y
creacionista, que resulta especialmente útil para conocer el
sentido de ambos movimientos, sus diferencias y, desde luego, el paso del poeta por estas dos tendencias, de forma
pasajera por el ultraísmo y definitiva en el creacionismo.
«Evasión» se constituye de este modo en la máxima representación de la adscripción ultraísta del poeta. La segunda
parte del libro, reunida bajo el título de «Imagen múltiple»,
es muy diferente en efecto, ya que está compuesta por poemas en los que ha prescindido de los signos de puntuación e
incorporado la representación plástica en disposiciones ti-
pográficas de orden casi caligramático. En observaciones
muy en consonancia con el pensamiento de Vicente Huidobro, cuyo magisterio sigue el poeta en este libro, asegura que
poesía es creación y pretende «que la obra viva por sí sola y
resucite en cada hombre una emoción distinta».

La tercera parte, la titulada «Estribillo», representa el intento de incorporar el sentido musical del estribillo, con
toda su lección de popularidad, a la nueva poesía. Se parte
de un poema, «Estética», significativamente dedicado a Manuel de Falla. Al final de sus días literarios, Diego volvería a
dedicar a Falla un gran poema: «Los árboles de Granada»,
de 1975, en el que la figura del músico inspira el ritmo esta-
cional de un espléndido texto, con cuya musicalidad interna
este de 1920 tiene cierta relación.

En el de *Imagen,* confluyen, dentro de su corto espacio, lo
popular, lo musical y lo creacionista, para terminar con un
«Estribillo Estribillo Estribillo / El canto más perfecto es el
canto del grillo». Abría así *Imagen,* de la mano de la lírica
hispánica más avanzada en ese momento (Huidobro, La-

rrea), el camino para una nueva representación poética del mundo. La imagen creacionista era el vehículo, y la sorpresa que causó entre los lectores y entre los entendidos de poesía no fue poca. Antonio Machado, que distinguía con afecto al joven poeta que estaba empezando y que apreciaba sus cualidades como tal (en 1924 le otorgaría el Premio Nacional de Literatura un jurado en el que estaría don Antonio, aunque eso sí a un libro muy diferente de éste, *Versos humanos),* le dedicó una reseña en el periódico *La Voz de Soria,* en la que el autor de *Campos de Castilla,* alejado desde luego de la estética avanzada, descubría en él características que nos permiten hoy entender mejor este libro, ya que veía en el autor a «un joven poeta que se ha escapado de la mazmorra simbolista», y en el libro, además de «verdaderos prodigios de técnica», «una sana nostalgia de elementalidad lírica, de retorno a la inspiración popular».

Continuó el poeta y dio a conocer en otros libros su versión de la vanguardia y ya del creacionismo definitivamente asumido: *Limbo,* escrito entre 1919 y 1921, es una especie de apéndice o «paralipómenos» de *Imagen,* dedicado a los ultraístas de la revista *Grecia* que, como todos los poetas de vanguardia, estaban un poco en el limbo, según recuerda con humor el poeta; *Manual de espumas,* «el cancionero más ortodoxo dentro del movimiento creacionista», ofrece una poesía idílica «y profunda, delicadamente humana». La aparición de este libro, ya en 1924, muy tarde respecto a su composición, cierra una etapa y abre un paréntesis en su poesía de vanguardia, del que no se sale hasta llegar a la publicación de *Biografía incompleta,* libro de dilatada gestación, escrito entre 1925 y 1966 y publicado en 1953 y completo en 1967.

Mientras que *Imagen* es un libro de relativamente dilatada gestación, ya que se alarga en su redacción durante cuatro años, *Manual de espumas* se escribe tan sólo en un otoño, el de 1922, fecha de composición de todos sus poemas, menos «Primavera», que es el más antiguo del poemario y se escribe en la primavera de 1921, en Santander. El resto del libro está compuesto en su integridad en Gijón, adonde había llegado Gerardo Diego destinado como catedrático del Real Instituto Jovellanos ese mismo principio de curso de 1922-1923, recién trasladado desde su primer destino en Soria.

Cuando el poeta llega a Gijón, en octubre de 1922, acababa de regresar de un interesante viaje a París. En efecto, Gerardo Diego había estado en Francia, invitado por Vicente Huidobro. Invitó éste a Gerardo y a Juan Larrea, cuando le conocieron en Madrid en 1921, a viajar a París para descubrir a los artistas de vanguardia, lo que Gerardo Diego realiza en agosto de 1922. Es su primer viaje a Francia, y entonces conocería a los escritores y artistas en cuyo círculo, el de la revista *Nord-Sud* de Pierre Reverdy, se movía Huidobro. Al regresar a España, Gerardo viene seducido no sólo por el arte de vanguardia, sino por la cultura francesa. En esos años lee y relee, medita y trabaja sobre los poetas más avanzados del momento como Valéry, Reverdy, Max Jacob, algunos de los cuales serán estudiados por él y casi todos traducidos. El poeta jamás dejaría de escribir sobre escritores y artistas franceses.

La relación del libro *Manual de espumas* con el arte de vanguardia, y en concreto con la pintura cubista, es algo que quedó establecido en la crítica especializada a partir de 1970, cuando el poeta reconoció esta vinculación de un libro creacionista puro, que está influido por la pintura cubista y que representa una obra maestra, por estas razones, dentro de la poesía española de vanguardia. La pintura, la de Juan Gris sobre todo, puede ayudarnos a entender este libro y a comprender el sentido de sus textos, de sus imágenes creacionistas, cuya teoría, explicada por Gerardo Diego en varios textos de aquellos años, es ya muy conocida, sobre todo su concepto de «imagen múltiple».

El mundo poético es distinto del anterior y el creacionismo según la interpretación de nuestro poeta es el que determina la asociación de imágenes tan variada y expresiva de este poema. Las imágenes entonces destacan por su plasticidad asociativa, por su capacidad pictórica. A la irregularidad del pensamiento, corresponde una irregularidad versal manifiesta. El verso quiebra el ritmo constantemente produciendo una musicalidad muy variada. Sin embargo, como ocurre tantas veces en la poesía de Gerardo Diego de este tiempo, el sentido rítmico no se pierde. Se quiere hacer un verso en todo momento musical. De ahí, por ejemplo, la presencia de algún elemento tan perceptible como es la rima consonante, sustituida en ocasiones por la asonante no menos notable.

La aparición de este libro, ya en 1924, muy tarde respecto a su composición, cierra una etapa y abre un paréntesis en su poesía de vanguardia, del que no se sale hasta llegar a la publicación, en 1953, de *Biografía incompleta,* un libro de dilatada gestación, escrito entre 1925 y 1966 y publicado en 1953 y completo en 1967, año en el que Gerardo Diego se muestra orgulloso de seguir siendo fiel a la vanguardia juvenil, a las «libertades y apariencias de anarquía mental». Aunque en sus palabras subyace aún, a la altura de 1970, el espíritu defensivo respecto a la consideración no humana de sus versos *(humanos* frente a poemas vanguardistas, aunque luego el poeta enfrentaría, lúcida y precavidamente, *humanos* frente a *divinos),* Gerardo define con claridad los objetivos en ese momento de su poesía de creación o «poesía absoluta». Refiriéndose a *Biografía incompleta* señala que es un libro subjetivo, personal hasta la anarquía; y a un tiempo, objetivo, neutral, humano y para todos, hasta la evidencia de lo más concreto.

En relación con la primera poesía de vanguardia, *Biografía incompleta* ofrece cambios apreciables, ya que las disposiciones seudo-caligramáticas serán sustituidas por un amplio verso libre junto a una adecuada sintaxis, más complicada, que aglutina las imágenes aisladas de los libros iniciales. Aunque un signo permanecerá indisolublemente unido al arte de vanguardia del poeta a lo largo de toda su poesía absoluta: la rima, asonante y sobre todo consonante, y, con ella, esquemas versales tradicionales: endecasílabos, alejandrinos, heptasílabos…

Los poemas, en efecto, se hacen más extensos, aunque mantienen también el mismo culto a la imagen, el afán creador y siempre original y sorprendente de quien fundamenta toda su experiencia vanguardista en la imagen creadora múltiple, inagotable y permanente hasta el final, hasta la senectud. Lo que fue aventura juvenil, impulso, tendencia casi incontrolada de búsqueda de nueva expresión y de creación de mundos y lenguajes poéticos agresivos, revolucionarios, se convirtió con el tiempo en sustrato sobre el que se basa en muchos casos la formulación posterior de toda la obra poética de Gerardo Diego, en la que pretende ante todo afianzar la creación de imágenes innovadoras, pero que revelen contenido humano.

Hasta el final, Gerardo Diego fue fiel al creacionismo. La serie de *Biografía continuada,* que el poeta había dado a conocer, como continuación de *Biografía incompleta,* en diversos lugares *(Cementerio civil, Poesía de creación, Cometa errante),* pasaría a formar parte en *Obras completas. Poesía,* de una serie independiente de la sección de *Hojas* y unas fechas abarcadoras: 1971-1982. Hallamos reunida en esta serie final entonces toda su última poesía vanguardista, en la que el poeta muestra su fidelidad por unas formas y por unos gestos externos, como la ausencia de signos de puntuación. El cultivo de la imagen creadora sigue firme y las fronteras entre la sinrazón y la razón son atravesadas sin dificultad por el anciano poeta todavía vanguardista. Pero un notable calor humano, como ya venía siendo habitual en las representaciones vanguardistas de los últimos años, se advierte sin dificultad en estos textos.

Los poemas de los años finales, 1977 en adelante, van adquiriendo una lucidez alucinada en la que lo humano está patente y próximo, base de esta nueva poesía que se desarrollará en algunas creaciones maestras, como «La sombra del nogal», dedicada a Vicente Aleixandre, o «No escribiré ya más...», poemas en los que la aparente irracionalidad y la sucesión incontrolada de imágenes creadas (conscientemente, no automáticas ni oníricas) van mostrando este nuevo y último mundo poético, que comparte sentimientos y actitudes con la poesía de expresión producida en estos años por Gerardo Diego: contemplación y reflexión elegíaca de la naturaleza, suave melancolía ante el inevitable paso del tiempo, insistencia en el tema de la muerte, melancolía, desconcierto, tristeza ante el constante fluir de la vida, de los tiempos, de la sucesión de día y noche, el constante caminar, el transcurrir de un río bajo un puente sediento. La vida como un sueño y el poeta embarcado en escribir únicamente versos que sean capaces de expresar esta realidad final, entre humo y ceniza.

El propio Gerardo Diego, en su artículo de 1919, «Posibilidades creacionistas», había advertido que la imagen múltiple «no explica nada; es intraducible a la prosa. Es la poesía en el más puro sentido de la palabra. Es también, y exactamente, la Música, que es sustancialmente el arte de las imágenes múltiples; todo valor disuasivo, escolástico, filosófico, anecdótico es esencialmente ajeno a ella. La música no quiere decir nada. (A veces parece que quiere; es que no sabemos despojarnos del hombre lógico, y hasta las obras bellas, desinteresadas, les aplicamos el porqué.) Cada uno pone su letra interior a la Música, y esta letra imprecisa varía según nuestro estado emocional. Pues bien: con palabras podemos hacer algo muy semejante a la Música, por medio de las imágenes múltiples».

Tales ideas de poética creacionista pasaron también a sus poemas últimos, entre los que «No escribiré ya más...» destaca como una composición en cierto modo sorprendente por su presencia en este conjunto final, aunque lógico, si se tiene en cuenta el interés permanente de Gerardo Diego por la explicación de su propia poesía, frecuente en sus artículos, conferencias, prólogos. Ahora, después de tantos años, la poética creacionista sigue firme y presente y permanece con la misma lozanía que en las primeras décadas del siglo. La imagen como base de la creación poética y la conexión entre las imágenes sin más código que el de la relación estética, similar a lo que podría ocurrir con el arte preferido de Gerardo Diego siempre: la música. Nuevamente la sorpresa será la base de la poética de Gerardo Diego en el poema «No escribiré ya más...», en el que la imagen del barco nos lleva a un recorrido por el paso del tiempo y la vida como tránsito, tan presente en la poesía de esta época, a los temas de esta poesía de creación, a la indagación de los orígenes de la poesía y finalmente a la imagen del poeta creando, siempre creando.

Como señaló el propio poeta, esta composición «pertenece a esta última época mía de poemas de creación que, si no me equivoco, va saltando de sorpresa en sorpresa pero siempre, según el título sincerísimamente apunta, justificándose en cada recodo, no de un abuso, sino de un uso de la libertad». Obsérvese, por ejemplo, el recorrido desde «la lágrima que ya asomaba y que se vuelve ceniza» hasta «el beso de la llama a su hijo el humo». En estas afirmaciones, se puede advertir cómo nuestro poeta mantiene el mismo espíritu de sorpresa presente en otros muchos textos precedentes. Sorpresa en la creación y libertad en el procedimiento, que esta vez queda simbolizada en el mundo de las imágenes del mar. El verso como un nuevo grumete que sube al barco a punto de zarpar tendrá su sentido si tiene esas imágenes vivas en las que recrearse, en las que realiza su libertad, y si esas imágenes existen para expresar un mundo y su tránsito, la poesía tendrá sentido. Si no es así, el poeta no escribirá ya más, como en el primer verso se indica claramente.

La consistencia formal de estas representaciones finales, su cohesión interna como estructuras poemáticas sólidas, contrasta con la dificultad evidente de interpretación racional de imágenes y de sucesiones de imágenes. Sólo a la luz de la poesía «de expresión» escrita en esos mismos años, es posible entender las inquietudes del poeta consignadas en los poemas creacionistas finales, tan extraordinarios y, al mismo tiempo, tan poco conocidos.

Un clásico moderno

Como ya se ha indicado, en 1918 Gerardo reúne su primer libro de poemas que va escribiendo a lo largo de los meses inspirado por un primer amor juvenil, casi adolescente. Escribe su primer libro utilizando la forma tradicional del romance castellano, por lo que no duda en titularlo *El romancero de la novia*. Tras el éxito de sus oposiciones a la cátedra de Instituto, en la que obtuvo la plaza de Soria, se decide, tal como le había recomendado Ramón Gómez de la Serna, a publicarlo con el primer sueldo de catedrático. Sólo imprime 100 ejemplares, en la misma imprenta en que León Felipe había editado sus *Versos y oraciones de caminante*. Era junio de 1920, justo tres meses después de haber obtenido la cátedra.

Por estos años, entre 1918 y 1920, Diego estaba ya colaborando con sus primeros poemas en las más agresivas revistas de vanguardia, experimentando con nuevas formas, trabajando con la imagen y la metáfora. Pero los poemas contenidos en *El romancero de la novia* responden a otro aire, no exento de un cierto romanticismo, con la presencia del lirismo juanramoniano, del que también aprende a manejar la forma poética del nuevo romance lírico, tan distinto del romance narrativo medieval. Los libros del poeta de Moguer *Jardines lejanos, Rimas* y *Pastorales* están muy presentes en esta representación poética, como lo está *El romance-*

ro de una aldeana, que su amigo Enrique Menéndez Pelayo, el hermano de don Marcelino, había escrito al enviudar. No es poco el tono elegíaco que también hereda de ese libro y que al joven poeta le viene muy bien para representar el cataclismo que se produce en su ánimo cuando se rompe una relación amorosa que había vivido en 1915-1916, y que ahora desahoga en esta poesía intimista y candorosa, que Diego recupera algunos años después. Por lo que el poeta cuenta, el libro fue elogiado, a pesar de su timidez, por León Felipe, Juan Larrea y Enrique Menéndez. Antonio Machado se lo elogió por carta y en un artículo reseña que publicaría en *La Voz de Soria.*

Y es muy fácil advertir en ese intimismo nostálgico tan juanramoniano el tono romántico y candoroso de los poemas, en la representación de la amada, ya sólo recordada en el interior del poeta, en su alma, a pesar de que sus rasgos físicos permanecen en la memoria o en el sueño, tal como se evoca en un poema bien construido, en el que el mundo de lo soñado contrasta con la realidad pura y dura, que el poeta novio siente como algo de otro tiempo. El sueño es la mentira de la realidad, pero el amante lo que quiere justamente es seguir soñando lo irreal, lo imposible.

Señala Gerardo Diego que su libro *Versos divinos* es el primero de los suyos que en realidad no es tal libro, ya que lo construyó acumulando poemas para poder optar al Premio Nacional de Literatura y alcanzar la extensión exigida. Sin embargo, el libro ofrece una cierta unidad, marcada por el clasicismo innovador y moderno de sus poemas, algunos de los cuales han entrado en la historia por la puerta grande y no faltan en ninguna antología, como «El ciprés de Silos», síntesis de dos sentimientos que inspirarán muchos poemas de Gerardo Diego: espiritualidad y paisaje. La aparición del libro *Soria* mostrará, ahora ya con una unidad temática decidida, los objetivos de esta modalidad poética de Gerardo Diego caracterizada por las «estampas» y las «efusiones», como se señala en el subtítulo del libro, reflexión espiritual de un paisaje, de una historia y de una geografía, sin duda una de las más originales y mantenidas aportaciones del poeta a la historia literaria y poética de su siglo. También algunos de sus poemas no faltarán en todas las antologías, como es el caso del «Romance del Duero», en el que tradición y modernidad se aúnan en una evocación singular y entusiasta de un paisaje con leyenda.

A la hora de valorar la poesía «relativa» de Gerardo Diego, como al poeta le gustaba llamarla, hay que señalar que está caracterizada por la sujeción a los metros clásicos, aunque también cultiva un espléndido verso libre junto a combinaciones estróficas de signo clásico pero marcadamente innovadoras. Estamos pues ante una fusión muy clara de clasicismo y modernidad, que, en Gerardo Diego, es la base de su originalidad como poeta. Y esta fusión está presidida por la permeabilidad entre unos modos y otros, especialmente advertible en libros como *Fábula de Equis y Zeda,* compuesta entre 1926 y 1929, y *Poemas adrede,* que escribe entre 1926 y 1941. Coinciden ambos libros con una etapa de plenitud, desarrollada entre 1926 y 1936, en la que el poeta escribe dos de sus obras más valoradas: *Alondra de verdad,* compuesto de cuarenta y dos sonetos clásicos, y *Ángeles de Compostela,* complejo libro santiaguista que tendrá su continuación años más tarde. *Fábula de Equis y Zeda* representa en la obra de Diego su más arriesgado intento de fundir clasicismo áureo, revelado en la fórmula misma de la fábula y en la sextina real empleada, con los alardes vanguardistas, que desmitifican los planteamientos de la poética barroca. Tras las azucenas en camisa, procedentes de Lope de Vega, mezcladas con aires garcilasianos, o las referencias directas a San Juan de la Cruz, se halla la representación desenfadada de la realidad vanguardista. Lo mismo sucede con *Poemas adrede,* en los que el poeta se plantea hacer una poesía cuyo único objetivo es hacer poesía.

Alondra de verdad se nos ofrece, al igual que otros poemarios de Gerardo Diego, como una especie de diario íntimo, formado por cuarenta y dos momentos líricos que reúne el poeta ordenados con estricto respeto a su realidad cronológica y vinculados, en algunos casos, a experiencias concretas. Así ocurre con las sugerencias paisajísticas, históricas y emocionales de los diferentes lugares recorridos o avistados desde el barco en el viaje de regreso de las Islas Filipinas. Todos los poemas se hallan unidos, a pesar de su variedad y de su diversidad, por una relación de temperatura, de procedimientos formales, de clasicidad, en definitiva, que el libro refleja con nitidez. Había comenzado su autor, a principios de 1918, cuando inicia *Versos humanos,* una interpretación de la poesía de signo clasicista, por lo menos desde el punto de vista formal, que compartía sus horas con las imaginaciones vanguardistas contemporáneas, muy intensas en este período inicial. En esta poesía tradicional irían entrando con el tiempo reflejos de los hallazgos vanguardistas que se forjarían en feliz simbiosis con los nuevos avances de la poesía tradicional. *Alondra de verdad,* escrito entre 1926 y 1936, aunque publicado en 1941, supone la culminación de tal etapa clasicista, y la aparición de este libro mucha influencia habrá de tener en las nuevas promociones y en el clasicismo de la «juventud creadora», aunque no lograron alcanzar a su maestro y su original combinación de tradición y vanguardia.

Los tonos renacentistas con que son tratados algunos temas, la actitud neobarroca en otros, revelan la fidelidad del poeta a nuestro Siglo de Oro, al que también corresponden como tributo actitudes más ambiciosas: la religiosidad, el tradicionalismo, la emoción ante paisajes y templos (catedral compostelana, Giralda, Silos), que ha producido poemas excepcionales. Y en este sentido hay que destacar los poemas que tienen a tales monumentos como motivo, pero también el soneto inicial, titulado «Soneto mío», de 1932, el

único que rompe la cronología del libro. Se trata de un soneto sobre el soneto, o «soneto sonetil», como el poeta explica
en sus «Notas», especie metapoética que ya instituyó Lope
de Vega en su famoso soneto que le mandaba hacer Violante... Conviven estos motivos con otros reveladores de cierto
paganismo cultural desmitificado, muy de Gerardo Diego
–Venus en «Cuarto de baño», construido con una configu-
ración plenamente vanguardista–, con recreaciones musicales sobre temas de Schubert, Schumann, Beethoven, Debussy, etc.; visiones y paisajes de andanzas españolas,
presencia del mundo taurino (en este caso en forma de ale-
goría y de imagen avanzada), junto a los juegos de imaginación, típicos de la poesía de Gerardo Diego.

El soneto que más ha llamado la atención de lectores y
estudiosos, y que, con absoluta razón, figura en todas las antologías de Gerardo Diego, es «Insomnio». Suele destacarse
al referir las novedades de *Alondra de verdad* y sobresale por
su carácter sorprendente y por su originalidad. La sorpresa,
una de las sensaciones más acariciadas siempre por el poeta,
es la base de su originalidad y de su interés. El soneto, de
tema amoroso, nos ofrece a una *tú* dormida, imaginada por
el poeta, situado lejos de la amada, en la placidez de su sueño. Dámaso Alonso valoró variedad, matizaciones, precisión y combinación de efectos, que culminan en la bella
imagen de «las naves por el mar», símbolo de suavidad y plenitud. No sería desatino poner en relación este poema con
otros de estos años, como algún «soneto del amor oscuro»
de Lorca o con poemas de los entonces muy recientes libros de
Pedro Salinas *La voz a ti debida* o *Razón de amor*.

Y es que el amor, efectivamente, es otro de los grandes temas de la lírica de Gerardo desde el inicial *Romancero de la
novia*, libro sencillo e inspirado por el gran Juan Ramón Jiménez. Y, aunque los poemas amorosos estarán presentes en
muchos libros del poeta, son *Amazona, Amor solo, Sonetos a
Violante, Canciones a Violante* y *Glosa a Villamediana* los

que tratan exclusivamente del amor y constituyen un conjunto en el que el poeta canta todos los matices de la representación amorosa, desde planteamientos metafísicos o existenciales hasta la más fina y agradable lírica galante. La vivencia diaria del amor, su aspecto estrictamente familiar, otorga otra dimensión a la expresividad de su poética amorosa en *La sorpresa (Cancionero de Sentaraille)* y en el libro de madurez *La fundación del querer*.

¿Qué representa este espacio amoroso en un poeta, que crea todo un ciclo una vez que ha cumplido ya los cincuenta años, en plena madurez física e intelectual? No es fácil, como opinó un cierto sector de lectores, reducir la respuesta a señalar que se trata de un ejercicio de versificador («un ejercicio frío de variaciones sobre un tema»), consideración claramente rechazada por el poeta. Más bien, y esto lo explica muy bien Gerardo, se trata de una memoria poética. Sus primeros poemas, ingenuos y adolescentes, los de *El romancero de la novia,* fueron amorosos. Ahora se recupera aquella veta y se rehace en madurez, con lo que se gana en calidad y matices. Se trata de un «sentimiento que superponía recuerdos e imaginaciones en una como abolición del tiempo, o como actualización o presentización de emociones intensamente vividas o no menos intensamente soñadas». Candor, juventud y, más aún, adolescencia, son los sentimientos que reclama como base de sus nuevas composiciones. Y, sin que lo diga el poeta, hay que destacar que todas ellas se conjuntan como un prodigio de nostálgico recuerdo de una juventud amorosa irremediablemente transcurrida –y de ahí el tono elegíaco de muchos de los poemas– y como un cúmulo de irreprimida y libre imaginación. Tal es la gran virtud de esta poesía: la ausencia de límites, la total libertad creadora.

Y así, todo este conjunto de libros recoge un mismo sentimiento amoroso, aunque cada libro adopta unas características que lo hacen diferente, mientras se unifica e identifica dentro del conjunto. *Amazona* es libro fundamentalmente recreador de amor pasado, revivido en intensidad; *Amor solo* es conjunto unitario, escrito de un tirón, presidido por un amor sin amada, un amor de recuerdo y nostalgia, un amor solo; *Sonetos a Violante,* que con *Canciones a Violante* contendrá un decidido homenaje poético a Lope de Vega, es libro compuesto únicamente de sonetos amorosos, algunos absolutamente excepcionales; *Canciones a Violante* representará el mismo mundo poético, ya que simultáneamente está creado, pero expresado en forma de verso libre más o menos breve.

Y por último, *Glosa a Villamediana,* que, aunque presidido por el sentimiento amoroso, es el más variado del conjunto y también el más dilatado en su escritura. Otro poeta del Siglo de Oro, el conde de Villamediana, recibe el homenaje en un conjunto inicial de catorce sonetos que glosan uno inicial, y que dan título a todo el libro, aunque la obra trate de asuntos muy diversos en los restantes poemas, entre ellos alguno de especial relevancia, como el recogido en el poema «El tiovivo», que nos devuelve el recuerdo nostálgico de un tiempo amoroso irremediablemente pasado.

La música inspiró composiciones espléndidas a Gerardo Diego y algún libro completo, como el primerizo *Nocturnos de Chopin,* en el que unas «paráfrasis románticas» recrean el ambiente adecuado para enmarcar el mundo imaginado por el músico polaco. Desde estos *Nocturnos* iniciales hasta poemas finales tan significativos como «Revelación de Mozart» o «Los árboles de Granada», con el recuerdo de su amigo Manuel de Falla, pasando por algunos de los magistrales sonetos de *Alondra de verdad* o por *Preludio, aria y coda a Gabriel Fauré,* la música ha perseguido siempre a Gerardo Diego, y el músico que llevaba dentro intentó, y quizá logró como nadie, expresarse por medio del poeta que hoy podemos considerar vencedor en la lucha desigual entre música y poesía, a pesar de que Gerardo opinó lo contrario.

Versos divinos reunió en 1970 la mayor parte de su poesía religiosa, por lo menos aquella que era más estrictamente religiosa y no estaba vinculada a un determinado paisaje, ambiente, ciudad, región, etc. Contenido espiritual poseen composiciones de otros poemarios e incluso libros completos, como es el caso de *Ángeles de Compostela,* pero *Versos divinos* supone una innovación estructural dentro de su obra, ya que, además de la unidad temática (lo religioso cristiano-católico), son también la temperatura y la situación anímica del poeta las que confieren a esta arriesgada especialidad poética un sentido moderno y al mismo tiempo fiel a la ortodoxia requerida.

Supera nuestro autor, sin dificultad, la seudo-poesía religiosa, repetitiva y manida, que, una vez pasado el Siglo de Oro, se dio en nuestras letras y ha mostrado, salvo pocas excepciones, tópicos repetidos, que hacen que el lector moderno se prevenga ante la poesía religiosa. Gerardo Diego salva esta dificultad con soltura y demuestra una recia personalidad de poeta y de católico que sabe interpretar los temas de la religión con visión serena, soltura y originalidad. La seriedad de sus representaciones poéticas viene avalada también por un conocimiento profundo de la religión, aprendido en la lectura de los libros más representativos, empezando por la Biblia, de la que proceden sus espléndidas representaciones del Antiguo Testamento, a las que se unen las canciones de tipo tradicional que, a la manera de su maestro Lope de Vega, enriquecen misterios y representaciones de la religión, entre los que destacamos los temas navideños. El temprano *Viacrucis,* que se incorporaría a *Versos divinos,* ha sido considerado por el poeta como libro aparte, justificadamente, sin duda, dado su dramatismo, intensidad y belleza, con rica representación del argumento glosado.

Con la poesía religiosa de Gerardo Diego ocurre lo mismo que con la poesía taurina. Gerardo es de nuevo una isla, una excepción, y si se decide a publicar la colección de todos sus poemas religiosos es porque sabe que son sinceros y que nada tienen que ver con la poesía devota, repetitiva, de novenario, que había inundado la literatura española desde el siglo XVIII. Su religiosidad es la expresión de una fe y sus interpretaciones poéticas o están enmarcadas en la tradición española de la lírica popular del Siglo de Oro, o son representaciones contemporáneas de la religión y sus personajes, como ocurre con sus poemas sobre la Biblia.

La afición a los toros de Gerardo Diego y su condición de excelso poeta hacen de él un intérprete único de la fiesta, dada su calidad, su inspiración original, la precisión de sus evocaciones poéticas del espectáculo taurino, su fidelidad a esta temática, sus conocimientos internos del arte de la tauromaquia y su amistad con grandes toreros. Además Gerardo fue uno de los pocos poetas españoles capaz de articular un libro monográfico sobre la fiesta, *La suerte o la muerte,* obra maestra tanto por su intenso contenido poético como por sus virtudes formales y estructurales, ya que todo el libro está concebido como un gran «poema del toreo», aunque poemas de toros escribió siempre, y un libro posterior, *«El Cordobés» dilucidado,* recoge las muestras de lo que fue una fidelidad vital inspiradora de poemas singulares.

Estamos ante la mejor poesía taurina que se haya escrito en España en el siglo XX, dadas las peculiaridades de esta especialidad y también la tendencia a la ramplonería y la repetición que suele darse habitualmente en la poesía dedicada a la fiesta de los toros. Gerardo Diego era un gran aficionado a nuestro primer espectáculo y por ello dotó a su poesía taurina de calidad, inspiración original, cohesión en sus evocaciones poéticas de la fiesta y fidelidad a esta temática, a sus conocimientos internos del arte de la tauromaquia, a su amistad con grandes toreros, y, más que nada, a que fue uno de los pocos poetas españoles capaz de articular un libro monográfico sobre la fiesta, *La suerte o la muerte,* obra maestra tanto por su intenso contenido poético como por sus virtudes formales y estructurales, ya que todo el libro está concebido como un gran «poema del toreo».

Las diferentes partes de que se compone se estructuran de manera que toreros, escenas costumbristas, grandes festejos y las diferentes suertes que configuran la corrida de toros están presentes en los distintos poemas del libro. *La suerte o la muerte* fue publicado en 1963 y es obra, como decimos, de estructura muy meditada.

De la fidelidad del poeta por la fiesta de los toros da cuenta también, desde el punto de vista poético, su segundo libro centrado en este tema, que, aunque mucho más breve, y sin la cohesión estructural del primero, responde muy bien a la continuidad de su afición y su deseo y propósito de llevarla al verso. Se tituló *«El Cordobés» dilucidado* (1966) y el poeta lo dio a conocer en una edición en la que también se incluía *Vuelta del peregrino.* Viene a ser como un apéndice de *La suerte o la muerte,* con la misma alternancia de viñetas con poemas diversos a las figuras y a diferentes aspectos del toreo y su ambiente. En esta ocasión, el poema que da título al libro es una semblanza humorística del famoso torero de Córdoba, que a Gerardo Diego siempre le pareció un tipo humano interesantísimo, «aunque su concepto del toreo –señala– estuviese siempre tan distante del que yo siempre mantuve».

La poesía clasicista de Gerardo Diego se completa con algunos otros libros por él considerados, no sin desenfado, «inconexos», formados por composiciones variadas sugeridas al aire de las más diversas circunstancias, sin que tengamos que considerarlos «versos de circunstancias», denominación peyorativa sin duda. Obras de carácter colectáneo, contienen, sin embargo, algunas de las joyas de la poesía de Diego, como lo es, sin discusión, «El ciprés de Silos», integrado en *Versos humanos*. Ni el famoso soneto ni el libro que lo contiene deben ser clasificados como «versos de circunstancias», como tampoco los que componen otro libro «inconexo», *Hasta siempre,* escrito en la etapa de plenitud, en los años de *Alondra de verdad.* Este carácter acumulativo poseen también *La luna en el desierto y otros poemas* y *La rama.*

Fue Gerardo Diego también un poeta muy singular en lo que se refiere a la presencia de su vida y sus andanzas por tierras y paisajes españoles en su obra. Apasionado por una geografía que él vivió con entusiasmo, recorrió sin prisas y visitó con detenimiento, muchos de los escenarios y de los mundos más entrañables de la piel de toro peninsular pasaron a su obra. Y entre esos paisajes, aparte de algunos otros vinculados a su niñez y juventud o lugares en los que vivió en etapas de su vida –Cantabria, Soria, Asturias–, ningún otro dejó una huella más profunda como Galicia, y en concreto Santiago de Compostela.

Cultura, paisaje, ambientes, tradición, religiosidad, poetas y santos, leyendas y costumbres. Un mundo rico y complejo, mítico en muchos aspectos, que sintonizó pronto con su personalidad de hombre del Norte, nacido junto al mar Cantábrico, habituado a paisajes llenos de feracidad y vida, clima húmedo y mar presente en todo momento.

En los años de esta etapa de madurez es cuando se produce, quizá, el tiempo en que Gerardo Diego más viaja por España y más recorre todos sus rincones. Así lo advertimos si leemos con detenimiento la cronología del poeta. Y en este espacio temporal, aparecen también algunos libros significativos en este terreno. En *Paisaje con figuras* Gerardo Diego, partiendo de la denominación que se le da a un subgénero pictórico, otorga al paisaje una nueva dimensión, la de ser entorno de una determinada personalidad. La búsqueda del equilibrio entre estos dos integrantes del poema se suele saldar con resultados encomiables, tales como «Visitación de Gabriel Miró», en el que escritor y entorno natural resultan emocionalmente identificados, tal como el poeta entiende la obra del escritor alicantino: vinculada a un paisaje concreto.

Quizá, en este terreno de los paisajes con figuras, la representación más fecunda, y desde luego la más nutrida, corresponde a Santander, a Cantabria, que culmina en esta etapa de madurez con la publicación de *Mi Santander, mi cuna, mi palabra,* memoria personal y familiar de un paisaje, en la que entran para enriquecerla multitud de motivos vinculados a las edades –infancia, juventud, primera madurez– y a los recuerdos. Libro de larga elaboración, ya que está escrito entre 1946 y 1961, es sin duda un libro de madurez por el tono de los poemas, por la temperatura de los ambientes reconstruidos y también por su fecundidad. Son ciento cincuenta poemas que reúne Gerardo Diego al amparo de la principal institución regional en ese momento. Sin duda, la vinculación de Diego a las tierras de España, y su consagración en ese momento en el panorama poético español como el gran poeta del paisaje, culminan en este libro, que supone, además, el regreso del poeta a su tierra, a sus orígenes, con el consiguiente homenaje entrañable.

Llama la atención en este libro un componente poco común en la poesía contemporánea: el costumbrismo y la presencia de la vida cotidiana, revelada en las referencias a juegos y distracciones, a la vida comercial de la familia –que con mucha inteligencia el poeta denomina «novela», como queriendo mostrar la consciente invasión de otros terrenos literarios, propios de géneros narrativos–, a las figuras de los hermanos y los amigos, que, más que poemas hagiográficos o laudatorios, son trozos de la existencia diaria en los que sorprendemos a personajes viviendo su vida cada día...

La vinculación con los más diferentes paisajes españoles, acrecentada como decimos en esta época de madurez, tiene otra perspectiva en *El Jándalo (Sevilla y Cádiz).* Se trata de un volumen en el que la peregrinación se concreta ahora a un contexto muy especial, en el que no sólo los paisajes sino también los amigos han hecho que el poeta quedara prendado de esta tierra singular, más aún para un hombre del Norte, como el poeta expresa en estas creaciones andaluzas suyas.

El nombre de «jándalo» se da en Santander a los que emigran a Andalucía y luego vuelven otra vez a la Montaña, como si hubieran sido indianos, sin salir de España. Gerardo, no emigrante, pero sí visitante asiduo y admirador de Andalucía, así fue llamado en un poema por su gran amigo Manuel Machado, y «jándalo» acabó figurando en el título del libro, junto a Sevilla y Cádiz, ya que, según había escrito Fernando Villalón, «el mundo se divide en dos partes: Sevilla y Cádiz».

Vuelta del peregrino supone un recorrido emocional por diferentes lugares de España adonde el poeta ha acudido en peregrinación. Quizá la novedad de este último libro de «paisajes y figuras» es la presencia de algunas elegías dedicadas ya a amigos muertos, a escritores de su generación, a artistas y a autores que tanta importancia tuvieron para su formación, evocados todos, o casi todos, en aquellos que fueron sus respectivos paisajes.

Gerardo Diego se mantuvo fiel, hasta el final, a las dos modalidades en que él mismo quiso dividir su obra: la poesía de creación y la poesía de expresión, es decir su poesía vanguardista y su poesía neoclasicista. Pero la permeabilidad entre las dos maneras no las hace tan distantes. Todo lo contrario: un mismo sentimiento de profunda humanidad, de bondad natural preside sus últimas representaciones poéticas, en las que dejará constancia del paso del tiempo, pero también de la belleza del mundo y de los encantos de la vida. Su senectud fue un tanto diferente de la de sus contemporáneos, y es que su fe en tantas cosas, su fe en la poesía, pero sobre todo su fe en un mundo futuro tras la muerte, determinaron su particular forma de entender la creación poética cuando ya había cumplido los setenta. Y su vejez, como la de algunos de sus contemporáneos, fue también una vejez laboriosa y lúcida.

Desarrolla el poeta una etapa de notoria fecundidad en los últimos años de su vida, continuación de lo que ha sido, a lo largo de los años, una actividad poética muy activa y nunca renunciada. En 1966, al cumplir los setenta años, publica en Málaga un pequeño poemario muy interesante para nuestro propósito, *Odas morales,* al que seguirán otros libros muy próximos a su edad en ese momento y desde luego a su situación profesional, como puede ser todo lo relacionado con su jubilación como catedrático de Instituto, ocurrida en 1966. El libro que recoge el poema en torno a este acontecimiento vital tardará unos años en aparecer, pero llevará un título que, necesariamente, lo vincula a este tiempo: *Carmen jubilar.*

El poemario recoge, entre otras, la composición de este mismo título, fundamental para el conocimiento de tal poesía de senectud. En el momento de su aparición, tiene el poeta setenta y nueve años. Antes, entre un título y otro, habían aparecido otras obras poéticas significativas en el terreno de la poesía española actual: *La fundación del querer,* en 1970, y *Cementerio civil,* en 1972, libro que reunirá, junto a otros muchos poemas «morales» y «metafísicos», las ya citadas *Odas morales. Cementerio civil* supondrá una aproximación absoluta a las inquietudes que definen otros poemarios contemporáneos pertenecientes a los poetas de su edad, con quienes coincide en la expresión de inquietudes propias de senectud (vejez, tiempo, muerte), ante las cuales surgen reacciones vitalistas comunes, aunque cada poeta les imprime su propia personalidad de superviviente, tal como hacen, efectivamente, Jorge Guillén, Vicente Aleixandre, Dámaso Alonso y Rafael Alberti.

Muy interesantes son las aportaciones en estos años a su viejo libro *Soria,* de 1923, que ahora se reúnen con el título de *Soria sucedida.* Su aparición en 1977 –el poeta ya ha cumplido los ochenta años– en edición definitiva que se repetiría en 1980 posibilita la inclusión de poemas relacionados con Soria y su entorno, escritos entre 1969 y 1976, en los que la evocación de otras épocas desata reflexiones e inquietudes sobre el tiempo y la edad, la lejana juventud, el recuerdo, la evocación de lugares lejanos y, finalmente, la amistad, como virtud propia de senectud.

El último libro de Gerardo Diego fue *Cometa errante,* que no será sino un adelanto de lo que luego nos ofrecerían sus *Obras completas* en la sección que el poeta había titulado *Hojas. Cometa errante,* como los poemas contenidos en *Hojas,* ofrecerá composiciones escritas en los últimos años por el poeta cántabro, en las que son perceptibles todas las inquietudes propias de la senectud. Los poemarios últimos, antes citados, dan entrada también a otras muchas composiciones que nos muestran la permanencia de gestos muy personales de su mundo poético: los paisajes con figuras, sobre todo a través de una entrañable y sintética serie final de *Hojas,* titulada «Mi románica España», con regresos sentimentales y emotivos a lugares especialmente unidos a su vida y a su poesía: Santiago, Soria, Silos. Y está también presente una renovada especialidad de Gerardo Diego, inscribible en el terreno de la poesía lúdica: las «jinojepas», poemas jocosos que atribuye a un heterónimo, «Jaime de Atarazanas», formado con la versión catalana (Diego, Jaime) de su apellido y el nombre de la calle donde el poeta nació.

FRANCISCO JAVIER DÍEZ DE REVENGA

Bibliografía selecta

Obra poética

Romancero de la novia, Madrid, Imp. de J. Pérez, 1920.
Imagen. Poemas, Madrid, Gráficas de Ambos Mundos, 1922.
Soria. Galería de estampas y efusiones, Valladolid, Libros para Amigos, 1923.
Manual de espumas, Madrid, Imp. Ciudad Lineal, 1924.
Versos humanos, Madrid, Renacimiento, 1925.
Viacrucis, Santander, Imp. Aldus, 1931.
Poemas adrede, México, Alcancía, 1932.
Fábula de Equis y Zeda, México, Alcancía, 1932.
Ángeles de Compostela, Barcelona, Patria, 1940.
Alondra de verdad, Madrid, Escorial, 1941.
La sorpresa. Cancionero de Sentaraille, Madrid, CSIC, 1944.
Hasta siempre, Madrid, Mensajes, 1949.
La luna en el desierto y otros poemas, Santander, Artes Gráficas Vda. de Fons, 1949.
Limbo, Las Palmas de Gran Canaria, El Arca, 1951.
Biografía incompleta, Madrid, Cultura Hispánica, 1953.
Amazona, Madrid, Ágora, 1955.
Paisaje con figuras, Palma de Mallorca, Papeles de Son Armadans, 1956.

Amor solo, Madrid, Espasa Calpe, 1958.

Canciones a Violante, Madrid, Punta Europa, 1959.

La rama, Santander, La Isla de los Ratones, 1961.

Mi Santander, mi cuna, mi palabra, Santander, Diputación, 1961.

Glosa a Villamediana, Madrid, Taurus, 1961.

Sonetos a Violante, Sevilla, La Muestra, 1962.

La suerte o la muerte, Madrid, Taurus, 1963.

El Jándalo (Sevilla y Cádiz), Madrid, Taurus, 1964.

El cerezo y la palmera, Madrid, Escélicer, 1964.

Odas morales, Málaga, Librería El Guadalhorce, 1966.

El Cordobés dilucidado y vuelta del peregrino, Madrid, Revista de Occidente, 1966.

Ofrenda a Chopin, Madrid, D. G. de Enseñanza Media y Profesional, 1969.

La fundación del querer, Santander, La Isla de los Ratones, 1970.

Versos divinos, Madrid, Fundación Conrado Blanco, 1970.

Cementerio civil, Esplugas de Llobregat, Plaza & Janés, 1972.

Carmen jubilar, Salamanca, Delegación Nacional de Cultura, 1975.

Soria sucedida, Esplugas de Llobregat, Plaza & Janés, 1977.

Cometa errante, Esplugas de Llobregat, Plaza & Janés, 1985.

Obras completas. Poesía, edición de Francisco Javier Díez de Revenga, Madrid, Aguilar, 1989, 2 vols.

Obras completas. Poesía. Prosa, edición de Francisco Javier Díez de Revenga y José Luis Bernal, Madrid, Alfaguara, 1996-2000, 8 vols.

Estudios críticos

ÁLVAREZ PIÑER, Luis, *Memoria de Gerardo Diego. De los cuadernos de Luis Á. Piñer,* edición de Juan Manuel Díaz de Guereñu, Madrid, Residencia de Estudiantes, 1999.

ARCE, Manuel (ed.), *Gerardo Diego. Memoria de un homenaje. 1896-1996,* Santander, Consejo Social de la Universidad de Cantabria, 1996.

BARRAJÓN, Jesús María; MUÑOZ-ALONSO LÓPEZ, Agustín (eds.), *Gerardo Diego (1896-1996),* Cuenca, Universidad de Castilla-La Mancha, 1997.

BARRERA LÓPEZ, José María, *Gerardo Diego y Sevilla,* Sevilla, Ayuntamiento de Sevilla, 1996.

BERNAL, José Luis (ed.), *Gerardo Diego y la vanguardia hispánica,* Cáceres, Universidad de Extremadura, 1993.

BERNAL, José Luis, *La biografía ultraísta de Gerardo Diego,* Cáceres, Universidad de Extremadura, 1987.

CHICHARRO, Dámaso (ed.), *Jornadas conmemorativas del primer centenario de Gerardo Diego,* Jaén, Universidad de Jaén, 1998.

D'ARRIGO, Miledda, *Gerardo Diego, il poeta di Versos humanos,* Turín, Università degli Studi di Torino, 1955.

DELGADO, Juan; CANELO, Pureza (eds.), *Gerardo Diego y la poesía española del siglo XX,* Madrid, Biblioteca Nacional, 1996.

DÍAZ DE GUEREÑU, Juan Manuel, *Poetas creacionistas españoles,* Málaga, Centro Cultural de la Generación del 27, 2.ª edición, 2001.

DIEGO, Elena, *La amistad en el grupo del 27,* Santander, Fundación Gerardo Diego, 2005.

— *Recuerdo de dos amigos: Pepín Ciria y Gerardo Diego,* Málaga, Centro Cultural de la Generación del 27, 2004.

DÍEZ DE REVENGA, Francisco Javier; BERNAL SALGADO, José Luis (eds.), *Memoria y literatura. Estudios sobre la prosa de Gerardo Diego,* Cáceres, Universidad de Extremadura-Fundación Gerardo Diego, 2003.

DÍEZ DE REVENGA, Francisco Javier; PACO, Mariano de (eds.), *En círculos de lumbre. Estudios sobre Gerardo Diego,* Murcia, Obra Cultural de Cajamurcia, 1997.

DÍEZ DE REVENGA, Francisco Javier, *Gerardo Diego en sus raíces estéticas,* Valladolid, Universidad de Valladolid, 2006.

— *Poesía de senectud,* Barcelona, Anthropos, 1988.

EMA, María, *Lenguaje y símbolo en la poesía creacionista de Gerardo Diego*, México, D. F., Universidad Autónoma del Estado de Morelos-Praxis, 2003.

GALLEGO MORELL, Antonio, *Vida y poesía de Gerardo Diego*, Barcelona, Aedos, 1956.

GÓMEZ DE TUDANCA, Rafael; FERNÁNDEZ LERA, Rosa; REY SAYAGUÉS, Andrés del (eds.), *Gerardo Diego. Poeta mayor de Cantabria y Fábula de Equis y Zeda. Homenaje (1896-1996)*, Santander, Ayuntamiento de Santander-Sociedad Menéndez Pelayo-Biblioteca Menéndez Pelayo, 1996.

MANRIQUE DE LARA, José Gerardo, *Gerardo Diego*, Madrid, Epesa, 1970.

MORELLI, Gabriele, *Gerardo Diego y el III Centenario de Góngora. Correspondencia inédita*, Valencia, Fundación Gerardo Diego, Pre-Textos, 2001.

— *Historia y recepción de la «Antología poética» de Gerardo Diego*, Valencia, Pre-Textos, 1997.

PÉREZ, José Bernardo, *Fases de la poesía creacionista de Gerardo Diego*, Valencia, Albatros Hispanófila, 1989.

PORRATA, Samuel M., *El creacionismo de Gerardo Diego y Vicente Huidobro*, Lewiston-Queenston-Lampeter, Edwin Mellen Press, 2001.

SALAZAR, María José; CALVO, Clea (eds.), *Gerardo Diego. La literatura y el arte. En el centenario de su nacimiento*, Madrid, Fundación Santillana, 1996.

SALAZAR, María José (ed.), *Gerardo Diego y los pintores*, Madrid, Centro Cultural de la Villa de Madrid, 1996.

VILLAR, Arturo del; DÍEZ DE REVENGA, Francisco Javier; CRESPO, Ángel, *Gerardo Diego*, Barcelona, Anthropos-Ministerio de Cultura, 1989.

VILLAR, Arturo del, *La poesía total de Gerardo Diego*, Madrid, Los Libros de Fausto, 1984.

— *Gerardo Diego*, Madrid, Ministerio de Cultura, 1981.

— (ed.), *Imagen múltiple de Gerardo Diego*, Carboneras de Guadazaón, El Toro de Barro, 1980.

Antología poética

El romancero de la novia

Ella

¿No la conocéis? Entonces
imaginadla, soñadla.
¿Quién será capaz de hacer
el retrato de la amada?

Yo sólo podría hablaros
vagamente de su lánguida
figura, de su aureola
triste, profunda y romántica.

Os diría que sus trenzas
rizadas sobre la espalda
son tan negras que iluminan
en la noche. Que cuando anda,

no parece que se apoya,
flota, navega, resbala...

Os hablaría de un gesto
muy suyo..., de sus palabras,

a la vez desdén y mimo,
a un tiempo reproche y lágrimas,
distantes como en un éxtasis,
como en un beso cercanas...

Pero no: cerrad los ojos,
imaginadla, soñadla,
reflejada en el cambiante
espejo de vuestra alma.

Sueños

Anoche soñé contigo.
Ya no me acuerdo qué era.
Pero tú aún eras mía,
eras mi novia. Qué bella

mentira. Las blancas alas
del sueño nos traen, nos llevan
por un mundo de imposibles,
por un cielo de quimeras.

Anoche tal vez te vi
salir lenta de la iglesia,
en las manos el rosario,
cabizbaja y recoleta.

O acaso junto al arroyo,
allá en la paz de la aldea,
urdíamos nuestros sueños
divinos de primavera.

Quizá tú fueras aún niña
–o remota y dulce época–
y cantaras en el corro,
al aire sueltas las trenzas.

Y yo sería un rapaz
de los que van a la escuela,
de los que hablan a las niñas,
de los que juegan con ellas.

El sueño es algo tan lánguido,
tan sin forma, tan de nieblas...
¡Quién pudiera soñar siempre!
Dormir siempre ¡quién pudiera!

¡Quién pudiera ser tu novio
(alma, vístete de fiesta)
en un sueño eterno y dulce,
blanco como las estrellas!...

Imagen

Triunfo

Sí

Del oriente al ocaso
                estalla un arco de triunfo

Elefantes atónitos
                pastan en los oasis de mis ojos

                        Y el viento se ilumina
                        en el fondo del mar

Mi pecho no se cansa de disparar

La vida
                ciudad maldita
                                empieza a arder

Hagamos de todos los gritos
                una sola mujer

Ángelus

A Antonio Machado

Sentado en el columpio
el ángelus dormita

Enmudecen los astros y los frutos

Y los hombres heridos
pasean sus surtidores
como delfines líricos

Otros más agobiados
con los ríos al hombro
peregrinan sin llamar en las posadas

La   vida   es   un   único   verso   interminable

Nadie llegó a su fin

Nadie sabe que el cielo es un jardín

Olvido

El ángelus ha fallecido

Con la guadaña ensangrentada
un segador cantando se alejaba

Estética

A Manuel de Falla

Estribillo   Estribillo   Estribillo
   El canto más perfecto es el canto del grillo

Paso a paso
      se asciende hasta el Parnaso
Yo no quiero las alas de Pegaso

         Dejadme auscultar
     el friso sonoro que fluye la fuente

     Los palillos de mis dedos
     repiquetean ritmos ritmos ritmos
     en el tamboril del cerebro

Estribillo   Estribillo   Estribillo
   El canto más perfecto es el canto del grillo

Guitarra

   Habrá un silencio verde
   todo hecho de guitarras destrenzadas

   La guitarra es un pozo
   con viento en vez de agua

Limbo

Cronos

En el cubo sin fondo
van cayendo una a una
las gotas del péndulo

El péndulo es el pulso de la noche
Y los rosarios ruedan
                        extrayendo en sus norias
corazones de madres y de novias

He buscado mis llantos

    Villanos   Me han robado

Como en una bandeja petitoria
deposité mi frente

La luna colegiala
en camisón de dormir
apagó de un soplo los relojes

Y de mi corazón
una
   a
     una
       van
         cayendo
           todas
             las
               hojas

Lágrima

ADIÓS   ADIÓS   ADIÓS

La lluvia en el rincón   La lámpara después
va formando un montón   ya no volverá a arder

De   va
      dónde   dónde
              vino   A

          OH   CÓMO   CONSERVAR
    ESTA   LÁGRIMA   VIVA   QUE   SE   MUERE

              El mudo
          quiere hablar y no puede

    SÍ   Aún caliente   NO
          la engarzaré en tu pendiente

Manual de espumas

Otoño

A J. Chabás Martí

Mujer densa de horas
y amarilla de frutos
como el sol del ayer

El reloj de los vientos te vio florecer
cuando en su jaula antigua
se arrancaba las plumas el terco atardecer

El reloj de los vientos
despertador de pájaros pascuales
que ha dado la vuelta al mundo
y hace juegos de agua en los advientos

De tus ojos la arena fluye en un río estéril

Y tantas mariposas distraídas
han fallecido en tu mirada
que las estrellas ya no alumbran nada

Mujer cultivadora
de semillas y auroras

Mujer en donde nacen las abejas
que fabrican las horas

Mujer puntual como la luna llena
Abre tu cabellera   origen de los vientos
que vacía y sin muebles
mi colmena te espera

Bahía

A Luis Corona

Las semanas emergen
del fondo de los mares
y las algas decoran los bares

Para que tú te alejes y yo pueda cantar
esperaremos el regreso
del viento de artificio y de la pleamar

Por eso
y con un ruido que no es el de otras veces
en la bahía ha anclado
tu melena enmohecida

violín para los peces
y para los suicidas

Venid a ver las nubes familiares
en mi taller todas las tardes
Son los naipes del cielo que nadie ha marchitado

El humo de la fábrica
hizo su nido en mi tejado
para los fumadores
que en la cartera llevan
un muestrario completo de habituales colores

Y mientras yo modelo mi retrato columna
sobre los montes delicados
pisa desnuda la lluvia

En las manos me deja
su corona de espinas
y cantando se aleja
sobre los techos y los climas

Tu cabellera gime sin poder levar anclas

Embárcame contigo
timonel de las galernas

Que el enjambre goloso de tus lluvias
se me pose en el hombro y en la pierna

Cuadro

A Maurice Raynal

El mantel   jirón del cielo
es mi estandarte
y el licor del poniente
da su reflejo al arte

Yo prefiero el mar cerrado
y al sol le pongo sordina
Mi poesía y las manzanas
hacen la atmósfera más fina

En medio la guitarra

                              Amémosla

Ella recoge el aire circundante
Es el desnudo nuevo
venus del siglo o madona sin infante

Bajo sus cuerdas los ríos pasan
y los pájaros beben el agua sin mancharla

Después de ver el cuadro
la luna es más precisa
y la vida más bella

El espejo doméstico ensaya una sonrisa
y en un transporte de pasión
canta el agua enjaulada en la botella

A la orilla gastada del camino
mi sombra y yo nos despedimos

Y el tren que pasaba
ha dejado mis manos colmadas de racimos

Versos humanos

El ciprés de Silos

A Ángel del Río

Enhiesto surtidor de sombra y sueño
que acongojas el cielo con tu lanza.
Chorro que a las estrellas casi alcanza
devanado a sí mismo en loco empeño.

Mástil de soledad, prodigio isleño;
flecha de fe, saeta de esperanza.
Hoy llegó, a ti, riberas del Arlanza,
peregrina al azar, mi alma sin dueño.

Cuando te vi, señero, dulce, firme,
qué ansiedades sentí de diluirme
y ascender como tú, vuelto en cristales,

como tú, negra torre de arduos filos,
ejemplo de delirios verticales,
mudo ciprés en el fervor de Silos.

El faro

Centinela despierta,
gira la luz del faro,
reloj horizontal de luminosa aguja.
Desde el Norte hasta el Norte, a la derecha,
todos los rumbos del cuadrante.
Y el haz de su destello,
una detrás de otra,
va iluminando todas las estelas,
la del mercante rumbo al mar del Norte,
la del patache lento,
paciente caracol de cabotaje,
y la del trasatlántico
que navega hacia América.
Y al dar la vuelta el faro las bendice.
Cuadrante, si tu rosa
es la náutica rosa de los vientos,
tu luz, faro piadoso,
es la celeste estrella de las luces.
Un día morirá en una postura.
Torrero, tú lo sabes,
pero no cuál será.
Engrasa bien su noria.
Así la mula, con la venda puesta,
nunca adivina el rumbo, y obedece.

Viacrucis

La oración en el huerto

Por la puerta de la Fuente
fueron saliendo los once.
En medio viene Jesús
abriendo un surco en la noche.

Aguas negras del Cedrón,
de su túnica recogen
espumas de luna blanca
batida en brisas de torres.

Jesús viene comprobando,
Pastor, sus ovejas nobles,
y se le nublan los ojos
al no poder contar doce.

«Pues la Escritura lo dice,
me negaréis esta noche.
Herido el Pastor, la grey
dispersa le desconoce.»

Entre los mantos relámpagos
de dos espadas relumbran.
La luna afila sus hielos
en las piedras de las tumbas.

Ya las chumberas, las pitas
erizan sienes de agujas
y quisieran llorar sangre
por sus coronadas puntas.

Ya entraron al huerto donde
las aceitunas se estrujan,
Getsemaní de los óleos,
hoy almazara de angustias.

Ya Pedro, Juan y Santiago
bajo un olivo se agrupan,
como un día en el Tabor,
aunque hoy sin lumbre sus túnicas.

La noche sigue volando
–alas de palma y de juncia–
y, llena de sí, derrama
su triste látex la luna.

Se oye el rumor a lo lejos
de cortejos y cohortes.
Y el sueño pesa en los párpados
de los tres fieles mejores.

Jesús, solo, abandonado,
huérfano, pavesa, Hombre,
macera su corazón
en hiel de olvido y traiciones.

«Padre, apártame este cáliz.»
Sólo el silencio le oye.
La misma naturaleza
que le ve, no le conoce.

«Hágase tu voluntad.»
Y, aunque lleno hasta los bordes,
un corazón bebe y bebe
sin que nadie le conforte.

El sudor cuaja en diamantes
sus helados esplendores,
diamantes que son rubíes
cuando las venas se rompen.

Por fin, un Ángel desciende,
mensajero de dulzuras,
y con un lienzo de nube
la mustia cabeza enjuga.

Ya la luz de las antorchas
encharca en movibles fugas
y acuchilla de siniestras
sombras el huerto de luna.

Los discípulos despiertan.
Huye, ciega, la lechuza.
Y Jesús, lívido y manso,
se ofrece al beso de Judas.

Soria sucedida

Si yo fuera escultor

Si yo fuera escultor
cuántos torsos inéditos en tus bárbaras rocas,
en tus rocas barrocas
veteadas vena a vena, soberbias de color.

Y en los cerros desnudos, en las lomas lejanas,
en la tierra ondulante, qué audaz musculatura,
qué potencia de planos, qué alardes de osatura,
qué ardientes modelados de visiones paganas.

Si yo fuera escultor,
con tu tierra y tu piedra te haría un monumento,
con tu barro y tu roca sobre el más alto alcor.
Y en él anidarían los pájaros y el viento.

Romance del Duero

Río Duero, río Duero,
nadie a acompañarte baja,
nadie se detiene a oír
tu eterna estrofa de agua.

Indiferente o cobarde
la ciudad vuelve la espalda.
No quiere ver en tu espejo
su muralla desdentada.

Tú, viejo Duero, sonríes
entre tus barbas de plata,
moliendo con tus romances
las cosechas mal logradas.

Y entre los santos de piedra
y los álamos de magia
pasas llevando en tus ondas
palabras de amor, palabras.

Quién pudiera como tú,
a la vez quieto y en marcha,
cantar siempre el mismo verso
pero con distinta agua.

Río Duero, río Duero,
nadie a estar contigo baja,
ya nadie quiere atender
tu eterna estrofa olvidada

sino los enamorados
que preguntan por sus almas
y siembran en tus espumas
palabras de amor, palabras.

Canción de trilla

A la trilla, trilladores,
que Soria es una frontera,
que huele a trigo la era
y vuela la tolvanera
por la plaza de Herradores.

A la trilla, trilladores,
que el alba amarilla brilla
y las estrellas rastrilla
y es ya amarilla Castilla.
        A la trilla.

Trilladoras, a la trilla,
en carros de emperadoras
        vencedoras
sobre tablas crujidoras.
A la trilla, trilladoras.

Que pise firme el caballo
y trille espigas el callo
y sangre granos el tallo.
Y tú de pie, oh maravilla,
con las riendas de la trilla.

Que el alto de la dehesa
ya no puede más de flores.
A la trilla, trilladores.

Que llega ya San Lorenzo
a tostarse en su parrilla.
Trilladoras, a la trilla.
        A la trilla.

Fábula de Equis y Zeda

Exposición

Sobre el amor del delantal planchado
que en coincidir limítrofe se obstina
cerca del valle donde un puente ha inflado
el lomo del calor que se avecina
una torre graduada se levanta
orientada al arbitrio del que canta

Torre virtual que medra al simple tacto
y se deja inclinar si alguno piensa
gentil distribuidora del abstracto
óvalo verde de la recompensa
una tarde de esas en que sube
el caracol hermano de la nube

Una tarde de aquellas sin testigo
muralla en torno de una llave inversa
en que vuela un color por todo amigo

del olivo al secreto y viceversa
sin saber –emisario a la jineta–
cuál de los polos es el de la meta

el viento que de todo hace botellas
y orejas tiernamente desdobladas
recogía su cola de ocho huellas
para entrar previo aviso de palmadas
en el cilindro liso del reducto
oloroso a clavel salvoconducto

En la almena más alta un ciervo bueno
alisaba sus cuernos y extendía
y el doble esquí nacido de su seno
con deportiva vocación lamía
como si él condujese al misticismo
la rueda en flor del analfabetismo

De punta a punta de arpa un arquitecto
recorriendo su playa infatigable
calculaba el perímetro perfecto
a puro arpegio de oro venerable
y obtenido el nivel luego al soslayo
–metro plegable– desplegaba el rayo

Flor de la brisa o fruta agraz del viento
aquí y allá giraba en engranaje
empujando con mutuo vaivén lento
mecanismos del peine y del paisaje
paisaje virginal que se desvela
a la dócil caricia paralela

Duchaba el sauce el beneficio verde
renovando su llanto meridiano
y el ciprés que de viejo el filo pierde
aprendía el dialecto cortesano
porque es común a sauces y a cipreses
nivelar presupuestos de marqueses

El arquitecto en posesión de orla
aplica ya peldaños de incremento
hacia la llama en ave de la borla
múltiple uve de alas en el viento
y con sus dedos –náufragos egregios–
de la barba se arranca los arpegios

Desde el sótano así hasta la azotea
en espiral de cláusula ascendente
una oruga dentada se pasea
por disciplina y porque nadie intente
aprovechando ausencias de algún verbo
aclimatar dentro del arpa al ciervo

Pero mientras el sol por contrapeso
al sumirse en la bolsa de conciencia
hace ascender al firmamento impreso
en ceremonia de correspondencia
y todas las estrellas salvo alguna
en columna gradual miden la luna

Y mientras van glisando los secretos
de confesión por brazos y por ríos
e ilumina los triples parapetos
la batería gris de los rocíos

su barba el arquitecto abre y bifurca
y a bordo de ella costas de arpa surca

A bordo de ella góndola en dos puntas
góndola barba al viento que se estira
hasta llegar por láminas adjuntas
a limitar al sur con la mentira
a bordo de su barba navegaba
por el jardín de curvatura brava

Poemas adrede

Pierda

Roca o nube hermosísima almirante
del mar del sur entre osamentas grises
cuando irritan los látigos sus nimbos
y postulan la luz los nomeolvides

Alta paciencia alzando sus enigmas
a la región donde las lluvias varan
libertad de venderte de escupirte
a ti sultana entre las hojas duras

Cuántas mechas aún prendiendo fuego
al sordo matarás sin sed ni trampa
por el puro placer de contar cuatro
cinco seis siete hasta desvanecerse

Pero ya estoy cansado respetadme
si driblo a un lado y a otro los planetas

y horizontal la frente destilando
gloriosísimas gotas de porfía

me arranco el niño que en mi pecho ladra
le arrojo a los rebaños transeúntes
y despojado limpio imprescriptible
pronuncio la palabra favorita

linda palabra clave predilecta
por pronunciar la cual las bestias gimen
y los rosales lloran su carencia
de bronce ronco su perfume esclavo

Esa palabra sésamo mirífica
de sílabas de goma insigne Pierda

Palabras proféticas

Homenaje a San Juan de la Cruz

Arrastrar largamente la cola del desmayo
sin miedo a una posible rebelión de fragancia
Dejarse florecer durante el mes de mayo
de alelíes las manos los ojos de distancia

Perdonar a la lluvia su vocación profunda
su amor de las estatuas su modelado egregio
perdonarla aunque luego sepamos que se inunda
de torsos mutilados el jardín del colegio

Olvidar los perfumes que lloran los colores
merecer los escorzos que renuevan el aire
Dimitir abdicar coronas y esplendores
corbatas fabulosas perdidas al desgaire

Porque querido amigo ya todo se compensa
mis deudas tus jazmines trastornos siderales
el muerto que se estira el caracol que piensa
y el ala de la tórtola prolongando hospitales

Hasta siempre

Romance del Júcar

A mi primo Rosendo

Agua verde, verde, verde,
agua encantada del Júcar,
verde del pinar serrano
que casi te vio en la cuna,

–bosques de san sebastianes
en la serranía oscura,
que por el costado herido
resinas de oro rezuman–;

verde de corpiños verdes,
ojos verdes, verdes lunas,
de las colmenas, palacios
menores de la dulzura,

y verde –rubor temprano
que te asoma a las espumas–
de soñar, soñar –tan niña–
con mediterráneas nupcias.

Álamos y cuántos álamos
se suicidan por tu culpa,
rompiendo cristales verdes
de tu verde, verde urna.

Cuenca, toda de plata,
quiere en ti verse desnuda,
y se estira, de puntillas,
sobre sus treinta columnas.

No pienses tanto en tus bodas,
no pienses, agua del Júcar,
que de tan verde te añilas,
te amoratas y te azulas.

No te pintes ya tan pronto
colores que no son tuyas.
Tus labios sabrán a sal,
tus pechos sabrán a azúcar

cuando de tan verde, verde,
¿dónde corpiños y lunas,
pinos, álamos y torres
y sueños del alto Júcar?

Si la luna fuera espejo

Si la luna fuera espejo,
qué bien que yo te vería.
Si la luna fuera espejo
   –dámela,
   –tómala
y ponla en el cielo ya–,
cuántos eclipses habría.
Por tu culpa los astrónomos,
todos se suicidarían.

Y tenerte a ti muy lejos,
qué poco me importaría
si la luna fuera espejo.

Alondra de verdad

Insomnio

Tú y tu desnudo sueño. No lo sabes.
Duermes. No. No lo sabes. Yo en desvelo,
y tú, inocente, duermes bajo el cielo.
Tú por tu sueño y por el mar las naves.

En cárceles de espacio, aéreas llaves
te me encierran, recluyen, roban. Hielo,
cristal de aire en mil hojas. No. No hay vuelo
que alce hasta ti las alas de mis aves.

Saber que duermes tú, cierta, segura
–cauce fiel de abandono, línea pura–,
tan cerca de mis brazos maniatados.

Qué pavorosa esclavitud de isleño,
yo insomne, loco, en los acantilados,
las naves por el mar, tú por tu sueño.

Revelación

A Blas Taracena

Era en Numancia, al tiempo que declina
la tarde del agosto augusto y lento,
Numancia del silencio y de la ruina,
alma de libertad, trono del viento.

La luz se hacía por momentos mina
de transparencia y desvanecimiento,
diafanidad de ausencia vespertina,
esperanza, esperanza del portento.

Súbito ¿dónde? un pájaro sin lira,
sin rama, sin atril, canta, delira,
flota en la cima de su fiebre aguda.

Vivo latir de Dios nos goteaba,
risa y charla de Dios, libre y desnuda.
Y el pájaro, sabiéndolo, cantaba.

Cumbre de Urbión

A Joaquín Gómez de Llarena

Es la cumbre, por fin, la última cumbre.
Y mis ojos en torno hacen la ronda
y cantan el perfil, a la redonda,
de media España y su fanal de lumbre.

Leve es la tierra. Toda pesadumbre
se desvanece en cenital rotonda.
Y al beso y tacto de infinita onda
duermen sierras y valles su costumbre.

Geología yacente, sin más huellas
que una nostalgia trémula de aquellas
palmas de Dios palpando su relieve.

Pero algo, Urbión, no duerme en tu nevero,
que entre pañales de tu virgen nieve
sin cesar nace y llora el niño Duero.

Bahía natal

A Gerardo de Alvear

Cristal feliz de mi niñez huraña,
mi clásica y romántica bahía,
consuelo de hermosura y geografía,
bella entre bellas del harem de España.

La luna sus mil lunas en ti baña
–tu pleamar, qué amor de cada día–
y te rinden reflejo y pleitesía
montañas, cielo y luz de la Montaña.

Mi alma todas tus horas, una a una,
sabe y distingue y nombra y encadena.
De mi vivir errante fuiste cuna

nodriza, y de mis sueños madre plena.
La muerte, madre mía, a ti me una,
agua en tu agua, arena de tu arena.

A Franz Schubert

Felicidad de primaveras puras
cuando a abrirse en candor la flor se atreve,
maravillas del río que se mueve
inmóvil en cristal de conjeturas,

fechas de amor, amor de criaturas
humanas que en azules ojos bebe,
y –azul de cielo azul, blanca de nieve–
tu melodía en paz de las alturas.

Pozos que el alma trémula revelan,
olvido de la vida y sus campanas,
novias que ríen, ángeles que vuelan,

niños que alcanzan, trepan tus acordes.
Y, de rocío y lágrimas tempranas,
por ti mi corazón hasta los bordes.

Ángeles de Compostela

Urján

¿Por qué cierras los ojos, por qué inclinas
tu rubor –oh estructura, oh flor galaica–
sobre el ala que llueve –en pirenaica
piedra cuaja– pétalos y ruinas?

¿Por qué la ronca tuba así declinas
y apagas su remota lumbre hebraica?
–Me horroriza Saturno, esa voltaica
lividez, esas fauces intestinas.

–No, mediador, no temas, no desmayes.
Surca divino entre blasfemias y ayes,
incendiando en relámpagos el vuelo.

Alza en vilo y alud nuestro mensaje,
y que tu trueno en recta línea ataje
del Hombre a Dios la elipse y ritornelo.

La gárgola

Y suenan los caños góticos
sus memorias de romance.
Sueña la gárgola a cántaros
lo que va de sierpe a ángel.

Llueve en sus conchas morriña
y por túneles y fauces
se empujan a borbotones
las venas rotas del aire.

La gárgola se remuerde
sus pecados capitales,
atada al canal, de bruces,
sin alas para estrellarse.

Cuando le azota la nube
sus entrañas de saudades,
la gárgola, aprieta, aprieta
todos sus sueños de sauce.

Allá abajo el chorro espeso
busca en las losas el valle,
el cielo de los suicidas:
¿La gárgola fue antes ángel?

Ángel de lluvia

A Luz Pozo Garza

Yo soy la paz del Apóstol Santiago,
yo soy el ángel, la nube que anega.
Vengo a ofreceros mi beso y mi halago,
vengo a ceñiros la venda que ciega.

Yo soy el ángel de ritmo y de lluvia,
el mensajero llovido del cielo.
Yo soy el alma flotante que efluvia
sueño y olvido, frescura y consuelo.

Gotas y gotas y gotas descienden.
Cuelgan mis hilos, mis flecos a miles.
Cuentos de cuentos las frentes aprenden,
cuentos de cuentos de marzos y abriles.

Yo soy el arpa de plata y de oro.
Yo soy la mano de líquidos dedos.
Yo el laberinto del orbe sonoro,
todo florido de trampas y enredos.

Yo soy la jaula cerrada y abierta.
Yo soy el ángel y el ave que canta.
Yo soy la nota dormida y despierta.
Yo soy la rima monótona y santa.

Yo he sido rayo, centella, granizo
y hoy soy apenas sesgada ceniza.
Ángel me era rizoso y cobrizo.
Ángel me soy que el cabello desriza.

Yo en la quintana deslumbro azabaches.
Yo juego al río brillando en la rúa.
Yo bailo y bailo colmando los baches,
siempre al compás que el adufe insinúa.

Yo soy el ángel del fol y el pandero.
¿Quién dijo triste mi lluvia de gozo?
Yo entro en el sueño del niño en enero
y me le envuelvo en mi tenue rebozo.

Yo soy hamaca, tamiz y cortina.
Yo soy el límite, el cielo en la mano.
Yo el trujamán de la mente divina.
Yo soy el ángel celeste y humano.

Yo soy el ángel, el ángel del ruego:
«Ángel del riego, que llueva, que llueva».
Yo soy el ángel que canta en gallego.
Yo soy el ángel de la buena nueva.

Biografía incompleta

La nieve la nieve

A Juan Ruiz Peña

La nieve la nieve otra vez mi siemprenieve
mi siempreviva mi siempremuerta nieve

¿Habéis visto lo que pasa cuando la nieve se hace visible?
Porque la nieve es la fe y hay que creer como ella cree
Ella nos cree sin vernos porque para eso es ciega
ciega de pura luz

Creed en la nieve como creen los niños
que nunca la vieron
que nunca la vieron porque la nieve les nieva
dentro de sus ojos

Y cae la primera nevada

Cándida Marta Blanca Galatea
Lucía Nieves Eva Margarita
Consuelo Amparo Olvido Luz Costanza
Azucena Amarilis Araceli

Cuando la nieve se halla en su invisible natural
se disuelve en el azul del cielo dándole
brío de espuma y conciencia de amor

La nieve sólo es nieve cuando no la vemos
que es cuando ella nos ve
a través del azul y sus amores
Cuando no la vemos o en el telón del cuarto de los niños
todo de copos de niños y ojos de niños
y también cuando ella no nos puede ver pero
baja a besarnos por Santa Genoveva
cuando la nieve nieva

Y cae la segunda nevada

Caricia Pensamiento Adivinanza
Lágrima Pluma Adiós Tacto Delicia
Beso Silencio Súplica Camisa
Trapo Harapo Canopo Copo Copo

Sólo la nieve es nieve en alas de la nieve
La nieve en la montaña es ya la exnieve
la nieve en el tejado es la patraña
la nieve de la fe nos ciega el tiempo

Creo en ti Nieve todoluminosa
y en tu única hija mi hija Siemprenieve

El sello

El universo tiene sus bordes dentados
y es todo él de un color nuevo rarísimo
de un ignorado nombre filatélico

El universo
quiso besar a Dios
y al cruzarse un vuelo de ángeles
se quedó pegado en la mejilla
del más lento
el de las alas en cresta de fuego

Idilio del estropajo

Aunque me siento por dentro de seda
estropajo seré hasta que me muera
Me enamoré de las vasijas y peroles
del hierro el cobre el barro
y de la piel de las esclavas negras
Me enamoré de la indecible inapelable
mejilla de los últimos maricas
de los cardos en flor y de los pétalos
de las estudiantiles amapolas
y de los hilos de la virgen y de los cabellos de ángel
pero mi tentación es desnudarme hasta la seda

Yo no sé lo que es trasmutación crisálida
El aroma del nardo se vuelve polvo de ladrillo
el abrazo de los amantes cola de cometa
la oración del almuédano ceniza de sauce
el sabor del aceite rosal de rosas y de espinas

Pido alianza al jabón a los guantes de goma
al agua de los cubos cuando refleja el cielo
pido a Dios que me alivie este desvelo
Un niño de dos años me ha aprendido
su tercera palabra soyMe reza en letanía
  Estropajo Estropajo
Sus labios son mi gloria
  Estropajo Estropajo
Y tú dame la mano colegiala
No temas no te haré daño

La sorpresa

Nuestro huerto

Nuestro huerto –qué breve– es un pañuelo
pero cómo se estira y se levanta,
        buscando el cielo,
        la patria santa.

Crece el magnolio y su florir secreto;
su rizada melena hispe la acacia.
        Sube el abeto
        lleno de gracia.

Ya las islas de sombra en una sola
se funden, cariciosa y lenta umbría,
        en la aureola
        que yo quería.

Como el huerto también, nuestro cariño,
de año en año ¿no ves que al cielo crece,

que, árbol o niño,
trepa y florece?

Oh cúpula, oh nivel, oh mediodía.
Gota a gota, el azul destila y suena.
           «Ave María,
           gratia plena.»

Niños nuestros

Estos niños que nos miran,
cuando nos miran ¿qué ven?
Nuestros ojos son anteojos
para mirar a través.
A través de nuestras niñas
ven los mundos de la fe.
Y hay que tenerlas muy limpias
para dejárselos ver
a estos niños que nos miran,
niños nuestros, nuestro bien.

La suerte o la muerte

Bautizo y brindis

Ven aquí que te bautice.
Mi mano el agua derrama.
Y la que ayer Berenice
hoy Verónica se llama.
Y ahora que pisas la tierra
donde fue columna el «Guerra»
y ángel de alcorza «Chicuelo»,
vas a ver cómo me ciño
al verso. Por ti, cariño.
Y por ganarme el pan, cielo.

Presencia de Ignacio Sánchez Mejías

Así es como yo te quiero,
siempre, sí, banderillero.
Como lo que eras, Ignacio,
como lo que eras y eres,
gloria y pelea de hombres,
cuchillo de las mujeres.
Porque siempre y todavía
nuestra carne nos desgarras
yéndole al toro despacio
–sin nadie, de frente, Ignacio–
e hincando en las alpujarras
dos centellas verticales,
mientras la burlada sierra
su ciego derrote yerra
y muge al azul venganza
por los rayos paralelos
que llovieron de los cielos.

Yo aquí te tengo y te guardo
desafiando –¡toro, je!–
(¡Qué huracán viril, qué imán
cuando decías «muhé»!)
Altos los brazos le citas
–tú en el sol, él en la sombra–
y el toro que se te arranca
y tú que a él te precipitas,
tromba contra catarata,
y otro par que desbarata
el choque por la tangente.
Fragosa, apretada, urgente,

la ovación se vuelve loca,
y ruge y rabia la roca
revolviendo el terremoto
de sus vulcánicos huesos,
alzando al cielo el exvoto
de los dos palos ilesos.
Y ahora, Ignacio, se dibuja
en tu frente el desvarío.
Si no cabe ni una aguja
entre las tablas y el asta,
¿cómo va a pasar un río,
un vértigo, un hombre? Basta...
¡Basta! Y no me haces caso
y rompes a abrirte paso
al hilo de la rendija.

Ay, mariposa siniestra,
clavada en la suerte, fija.
Aparta de mí, sí, aparta
tanto presagio y el llanto
de aquel novio de la Muerte.
Que no, que yo quiero verte
libre del cuerno que ensarta,
glorioso, incólume, y canto
tu hombría de púgil diestro,
tus prodigios de maestro,
y con las hembras sorbidas
que te amaron, pavoridas,
a latigazos de arterias
y corazones en vilo,
quiero cantar el radiante
apogeo de tu estilo.

Porque así es como te quiero,
como un torero, un infante
de compás firme, audacísimo,
clavando uno, dos, tres pares,
y un cuarto airoso, limpísimo,
al ras de los costillares.
Porque así es como te quiero,
como lo que eres, Ignacio,
siempre tú, banderillero.

Cambio a muleta plegada

A Antonio «Bienvenida»

Cambio a muleta plegada.
Vieja estampa, el ayer puro.
¿Quieres la toga o la espada
o este corazón maduro?
Se arranca incierto el saltillo
hacia el siniestro platillo.
Pero la balanza gira,
el viaje en seco quebranta
y un pliegue libra y levanta
los dos cuernos de la lira.

La luna en el desierto y otros poemas

A Ida Haendel

Por su «Concierto» de Beethoven (14-11-1948)

Fue primero el certamen por nacer a la vida.
Soterrañas raíces, tallos verdes, crecientes,
ensayando, palpando, sorbiendo el aire puro,
larvas, gusanos, sierpes soñando alas abiertas.
Seres en limbo oscuro su redención clamaban,
abriéndose entre fustes, desgarrados de espinas,
ásperos de cortezas que la piel les escorian,
les ungen de resina, de goma, de canela,
les aroman de bálsamos de un viejo paraíso.

Formas, ya tan hermosas, a la luz se presentan,
se adelgazan, coronan, estallan casi flores,
se deshojan, tristísimas de dulce abatimiento,
lloviendo con sus pétalos la vergüenza del tránsito.
¿A quién esa doncella crecía destinada?

¿Qué error de falso timbre ha abolido en penumbra
al dios adolescente, todo inocencia y sueño,
que pudo ser, y casi fue, y derivó en fracaso?

¿Quién nos llamaba ahora, una, dos, tres, cuatro veces
–ay, cómo palpitaste, corazón vulnerado–
con nudillos de seda en el tabique lúcido?
Algo, sí, algo muy hondo, muy humano y muy divino
sobreviene, se acerca, imploración, milagro.

Y de pronto, oh prodigio, la pena se hizo música
y la música orbe, gloria, miembros y cuerpo
y alma tangible, nuestra, oro de alma obtenido,
oro de re mayor, alquimia al fin tan bella,
oro líquido y puro que abrasa y enamora
y se hunde en el abismo, hondo cauce bordónico,
o trepa por la gama de hamacas en peldaño
hasta que allá en lo alto de la prima esbeltísima
se le nievan de escamas –peces de cielo y hielo–
las ondas siempre de oro y tornaluz diamante.
Cuando después sollozan las musas del larghetto
¿quién no cierra los ojos para abrirlos al llanto?
Comprendemos apenas si es el mismo Beethoven
quien nos canta, conforta, confidencia, lastima,
librándonos el tiempo secreto de su pecho,
auscultado del pájaro posado sobre un hombro.

Y los ojos abrimos y a ti te vemos sola.
Ida, Ida –clamamos al regresar al mundo–
Ida –nombre de Eco– Herida, Vida... Ida...
Increada, Increída, Perdida... Ida... Ida...
Y por el aire eléctrico de la sala, del dulce

noviembre de oro, por el cielo sube y sube
tu estradivaria lira, igual que la de Orfeo,
no a inscribir constelando su cifra rota y mártir,
sino a brillar su cálido inmaterial sonido,
latiendo, palpitando su destello castísimo,
como una estrella sola, ¡milagro!, estrella única
en el cénit helado de una noche de enero.

Amazona

El doble elegido

Qué raro es ser poeta.
Encontrarse de pronto una mañana
con el mundo feliz, recién creado,
piando, balbuciendo,
para que alguien le bese y le descifre.
Y ese alguien, el llamado
–¿es posible?– soy yo.

Qué extraño es ser amante.
Encontrarse una tarde, casi noche,
que la luz de unos ojos,
el temblor de una mano dulce y ciega,
que sí, que era verdad.
Y así –como la ola
que al mar le turge, estalla, rompe en dicha
de efervescida espuma–
del abismo oceánico del pecho

nos sube, crece, alumbra a flor de labios
un nombre de mujer
y unas alas: «te quiero».

Oh maravilla atónita.
Poesía del amor.
Amor de la poesía.
Y yo el doble elegido, regalado.

Amazona

No sé, yo no nací para quererte,
mi centauresa de la crin de llama,
mi amazona en la zona que te ama,
tórrida de la sed de poseerte.

No te quería, no. Pero mi suerte
galopa ya en tu rastro. ¿Y no habrá rama
que te enmarañe y cuelgue de su trama,
lámpara columpiada a amor o muerte?

Te quiero, en fin, mujer, y te quisiera
alma sin cuerpo, y creo que te amara
sin el jazmín del alma enredadera.

Ángela sola, espíritu bastara,
y la estrella, antes flor de un beso, para
nacerme ángel y dormirme fiera.

Amor solo

Tuya

Ya sólo existe una palabra: tuya.
Ángeles por el mar la están salvando
cuando ya se iba a hundir, la están alzando,
calentando en sus alas ¡aleluya!

Las criaturas cantan: Aunque huya,
aunque se esconda a ciegas sollozando,
es tuya, tuya, tuya. Aunque nevando
se borre, aunque en el agua se diluya.

«Tuya» cantan los pájaros, los peces
mudos lo escriben con sus colas de oro:
Te, u, y griega, a, sí, tuya, tuya.

Cantádmela otra vez y tantas veces,
a ver si a fuerza de cantar a coro
–¿Tú? ¿Ya? ¿De veras? Sí. Yo. Tuya. Tuya.

Amor solo

Sólo el Amor me guía.
Sólo el Amor y no ya la Esperanza.
Sólo el Amor y ni la Fe siquiera.
El Amor solo.
Tú, amada, a quien amé
y no sé si desamo;
vosotras, mis amantes, que me amasteis,
que me amáis todavía, que ancorasteis,
de ancla o de cruz de amor hasta la muerte
vuestros leales corazones míos:
quedaos lejos, más lejos. E invisible,
ya irreal, fantasmal, tú, mi penúltima,
lejos, más lejos, no te necesito.
Es el Amor, sólo el Amor, sin nadie
quien me mueve y me embriaga y me libera
y en su reino de luz soy todo alas.
Amor, Amor, por fin te veo y creo.
Veo, toco tu faz sin antifaces.
Sí, ya eres tú, la fiera de tus ojos
sigue siendo la misma, la que ardía
–taimada y doble ascua, infierno en cielo–
asomando a la tela sin pestañas
–cerco de ojales crueles de tijera–
de las sedas extrañas que abultaban
narices deshonestas, que a las bocas
no querían cubrir, pozos impúdicos
si abiertas flores, si cerradas,
vírgenes flores misteriosas, serias.

Pero tú, mi Amor solo, tú, mi pascua,
fuiste dejando deshojar el lastre
de tus sedosas máscaras: la verde,
la de rústica rosa ensangrentada,
la de amarilla palidez dulcísima,
la negra acuchillada de fulgores.
Mis manos, torpes, las acariciaban,
querían desgajarlas, pero en vano.
Ellas reían o quizá lloraban,
mientras mis dedos patinaban sedas
y ni un pliegue fruncían.
Y, ensortijando atrás cabellos de humo,
del enigma luzbel se consolaban.

Tú, mi incesante, océano sin fondo
bajo la espuma varia de colores,
esperabas la fecha, mi desánimo,
mi reniego y renuncia,
mi cerrar de ojos crédulos,
para calladamente desprenderte
de la hoja o antifaz, roto el pedúnculo.
Y al alzar yo mis párpados
no te reconocía.
Tardaba en darme cuenta meses, años,
de que era un nuevo carnaval, un símbolo
de otro matiz quien con los mismos ojos
–de otro timbre también pero la luz
magnética la misma–
mujer nueva,
eterno amor mentido, me esperaba.

No, Amor sin ella, amor definitivo,
mi Amor, ya para siempre descubierto,
Amor vacante, Amor o acaso Muerte,
mi antiyó, mi antivida,
Tú, mi Amor, mío, eternidad lograda,
cielo en la tierra, ancla de Dios
descendida a mi arena submarina
entre un fragor sublime de cadenas.
No. Tú, Amor mío, no eres ellas, no,
sino quien tras de ellas se escondía.
Y yo, en tu rayo y rayo, yo en tu hierro,
celeste Amor después de las mujeres
–oh revés, mascarilla de la amada,
cóncavo encuentro de último infinito–,
yo, vaciado en ti, tu forma beso.

Paisaje con figuras

Visitación de Gabriel Miró

Y de pronto no te conozco. Nunca te vi tan joven.
Es la miel de tus ojos donde tiembla el recuerdo
de una lágrima fría, diminuta de estrella duplicada,
la que me unta y chorrea y me remoza
y antes de que el abrazo confirme nuestro encuentro
pone en mis labios agrietados y áridos dos sílabas de gozo,
las de tu nombre de miel: Gabriel, Gabriel.

Nunca te vi tan mozo. Apenas veinte años.
La estatura del tiempo tras la tumba
ha rasado el nivel.
Cada muerto, ahora lo veo claro, alcanza el suyo
con paciencia de años,
la talla y cifra de su yo más profundo.
Y cuando están colmados, logrados, estallantes de vida
                                                      [nueva

anticipan la hora de la resurrección

y se revisten de la carne gozosa, aún no gloriosa,
y de la piel de flor a flor de piel
y de la luz de lágrima y de miel.
Cada muerto elige su edad definitiva.
Cuando él era más él, así será por siempre.
Niños, adolescentes, doncellas, barbados mozos,
y, sí, también ancianos de arrugas musicales
que sólo en el diciembre de su edad
los arpegios más hondos de su ser arrancaron.

Por eso tú al sentirte realizado
vienes a mí, a mi encuentro, impaciente de roces,
de sentir, de saber que se abolió el paréntesis
entre la vida y la vida,
que todo ha sido un sueño, un dulce dormir plúmbeo
                                    [hasta los huesos,
un nacer otra vez con la conciencia entumecida
y un crecer otra vez hacia la santa memoria
y la eterna, maravillosa identidad.

¿Y en qué otra edad ibas tú para siempre a edificarte
sino en la del asombro sin cautela,
en la del primer cántico a la luz,
del primer beso ingrávido, del beso recibido,
del beso sin saberlo merecido?

Bien lo recuerdas ahora cuando me miras
fijamente a los ojos. ¿No te parezco otro?
Mírame bien. Mi ángel es el mismo
y aletea en mis vagas pupilas verde abismo.
No me midas con la vara del año
ni me cuentes los flecos nevados o perdidos.

Yo soy aquel que en tu oficina una mañana
vino a dejarte un nido entre tus manos,
caliente y bullicioso de pajarillos nuevos.
Tú buscabas en mí tu mocedad huida
y todavía no lejana.
Luego salimos –mediodía, enero–
al Prado señorial y tu palabra escalaba los cedros
y entre las ramas de encaje libanés
me enseñaste a mirar y valorar
un purísimo azul casi morado.

Ahora, Gabriel, contempla, abre los ojos,
anégalos de azul todavía más nítido y tostado.
Ése es tu cielo: el aire, el ámbito sonoro de Levante
que se raja en delicia al cortafríos, al cortafuegos
de tu mirada amante de diamante.
Ése es tu mar de joya extensa y ciega,
ésa tu tierra, tu inverosímil tierra blanca y rosa,
ésa tu ciudad cuna que te acuna
al rumor betlemita de las palmas.
Y ese hombre de la triste sonrisa,
de corpulenta madurez cargada de hombros,
ese que se apea del polvoriento asnillo,
que se te acerca blanco de cal y de algodón de julio
para darte un abrazo,
en un misterio de visitación de edades,
es tu primo Sigüenza, el de ti desdoblado, traspasado
                                        [de biseles y espejos,
es tu Sigüenza hermosamente antiguo,
florecida la boca de ironía y sentencia.

Qué plenitud, qué gloria de reconocimiento.
Tu comarca te abraza de horizontes,

te sabe regresado, te festeja celosa y entregada,
esperando el milagro de la posesión por la palabra.
Oh fiebre de matices, oh mudanzas de aromas,
oh los suaves, aspérrimos contactos,
restregados de ráfaga y de dicha.

Y levantas en la palma de la mano
al litúrgico insecto, con casulla de doctor o de mártir,
o exprimes –turbia esperma– la acidez del limón núbil,
como si aún reviviera
la mancha de conciencia de la tinta.

Entretanto en Oleza por Don Magín pregunta
una dama ancianita que llegó hoy en el tren
con un libro y un ramo de nardos y claveles.
Y en el muelle ha atracado, en Alicante,
un barco con un casco y una popa tan vieja
que aún reza la matrícula cristianamente «Cristianía».
¿Es que el tiempo no pasa?
¿Vivimos ya, vives tú en lo eterno,
en la visitación de las edades?
¿Será verdad –Sigüenza, no sonrías–
que aún se disputan, premian escopetas
por derribar pichones blancos, blancos
en el cielo sin diana, sin tacha y sin un cero?

Déjame que te deje, Gabriel, en ese filo
de tu edad más cumplida, ilusa de sentidos y de alma.
Quiero dejarte solo, sin amigos
que se te puedan morir, como Isabel al Borja,
solo, mas con los tuyos, eternizados hijos del espíritu,
creados por tu mente, tu corazón de oro y tu fonética:

con Pablo y Enriqueta, Don Jeromillo y Tabalet,
y las figuras soñadas en torno al Rabbi,
en esa Tierra Santa, esa Tierra Sigüenza
hermosamente antigua frente a la tierra de Gabriel
[Levante.

Quédate solo, sube al cíclope Ifach,
a Guadalest la esbelta, a Aitana majestuosa,
baja a Altea la Vieja, bruñe el cristal de roca
de Santa Pola, entra en Polop,
en tu casa de estío y de penumbra
–un rasgueo de pluma, un bordón de moscarda–
y límpiate el sudor con el pañuelo generoso
al volver a las flores y a los cantos
de tu huerto de cruces.

Ahora, Gabriel, no preguntas
porque tú ya lo sabes.

Sonetos a Violante

Soneto a Violante

Yo no sé hacer sonetos más que amando.
Brotan en mí, me nacen sin licencia.
Los hago o ellos me hacen, inocencia
de amor que se descubre. Tú esperando,

tú, mi Violante, un sueño acariciando
¿cómo quieres que yo no arda en vehemencia
y por catorce llamas de impaciencia
no exhale el alma que te está cantando?

Si yo he amado volcán, árbol y torre,
si te abraza y te abrasa y te recorre
hiedra envolvente y sangre surtidora,

si eres musa y mujer, pena y secreto
te he de entregar celoso mi alfabeto
que de ti y de tus labios se enamora.

Noche de San Lorenzo

Llamas errantes: ésta es vuestra noche,
es vuestra epifanía, es vuestra gloria.
¿Almas visibles sois en trayectoria
de purgatorio a cielo? ¿O sois desmoche

de ángeles rojos que el infierno abroche
en sus hornos candentes de memoria?
Estrellas os llamaron, oh ilusoria
fantasía, oh magnánimo derroche.

No sois estrellas, no, no despeñadas
rayáis con vuestras uñas las cerradas
moradas de ese duro firmamento.

¿Carbones, ascuas, chispas de parrilla?
Centellas de mi amor sois en traílla,
crines errantes de mi pensamiento.

Canciones a Violante

Me estás enseñando

Me estás enseñando a amar.
    Yo no sabía.
Amar es no pedir, es dar
    noche tras día.

La Noche ama al Día, el Claro
    ama a la Oscura.
Qué amor tan perfecto y tan raro.
    Tú, mi ventura.

El Día a la Noche, alza, besa
    sólo un instante.
La Noche al Día –alba, promesa–
    beso de amante.

Me estás enseñando a amar.
    Yo no sabía.
Amar es no pedir, es dar.
    Mi alma, vacía.

Tú te llamabas Isla

Tú te llamabas Isla, Elisa, Elsa.
Yo me llamaba ¿me llamaba yo?
Yo no tenía nombre. No. Yo no
me llamaba. Y tú me preguntabas,
me preguntabas siempre. Y yo estuve
por decirte: me llamo Cisne, Nube,
Melibeo, Calixto, Elisabad,
Islamey, Lohengrin, Ulises, Cero.
¿Cómo me llamo? ¿Y tú me lo preguntas?
Me llamaré, me llamarás Tequiero.
Pero tú preguntabas, preguntabas.
Y otra vez era tu segundo sueño.

La rama

La rama

La vi en la hierba, abandonada, rota
y me la traje a casa. Aquí en la mesa
donde trabajo en sueños, duerme o flota
su torso estilizado de princesa.

Es una rama tierna y quebradiza
de leñoso peral. La eterna danza
–mitológica fábula– me hechiza
y me incluye en su rueda de esperanza.

La gracia universal torna y retorna,
savia de luz y sangre de amor puro.
Un solo ritmo a la razón soborna
cerrándose en anillo alto y maduro.

Con qué nubilidad la rama tuerce
la línea de su escorzo, interrumpida
cuando frente a la norma del alerce
creía en la belleza de la vida.

Y ¿quién sabrá dónde la muerte empieza?
Líquenes, hongos de escritura rúnica
ya recaman, ya estofan su corteza.
Reina de Saba no vistió esa túnica.

Y a trechos la piel abre su ceniza
para mostrar desnuda –quién pudiera
pintar de su rubor el ala huidiza–
la carne angelical de la madera.

Todo mi cuerpo al contemplar la rama
en su ser vegetal se corrobora
y un recuerdo magnánimo me llama
de cuando fui ilusión de árbol que llora.

Perdón es el olvido

Perdón es el olvido, el santo olvido.
Déjenme solo, solo yo y mis sueños,
mientras me besan –párvulos, risueños–
el Eresma, el Clamores con sonido.

Déjenme en paz, mi paz, la que hace nido
aquí en mi oscura rama. Qué pequeños
diviso desde aquí celos y empeños.
Bésame, brisa, el labio y el sentido.

Yo nací para amar y a nadie odio.
Apiádate de mí, mi ángel custodio,
y llévame a tu azul de Guadarrama,

más alto que el pinar, más que la nieve.
Y en tanto el corazón sosiega y ama,
de la mano de Dios el tiempo nieve.

El poeta más grande

El poeta más grande del mundo
es el aburrimiento,
y el novelista más profundo
el viento.

Glosa a Villamediana

Somos

Tan seguro estoy de ser,
tan bien fundado en esencia,
que ni tú ni yo existimos;
sólo existe lo de ahí fuera.

Existen la luz y el llanto
y el silencio que nos sueña
y la soledad del mundo
de pronto a las seis y media.

Tú eres, sentada en el suelo,
y en mí apoyas la cabeza
y con tus ojos cerrados
me confirmas y me creas.

Yo soy, dándote universos
en versos de alma y conciencia

para que tú seas todas
y en todas única y tersa.

Cuando llega alguna pausa
y ahonda un pozo de agua fresca,
te abandonas al no ser
y eres más que nunca cierta.

Quiero cantar para ti,
mi escuchante magdalena,
quiero devolverte en músicas
lo que en bálsamos me esencias.

Yo soy, tú eres. En el aire
mis palabras romancean.
Abre en mis rodillas alas
el peso de tu cabeza.

El tiovivo

Sois vosotras –lo sé– mis bendecidas
las que a la tarde y a la prima noche
cabalgáis en juguetes,
valquirias sin relámpago, amazonas
de dos pechos y un solo corazón,
no esgrimiendo las flechas herboladas,
sino abriéndoos crédulo el corpiño
para albergar las mías.

Todas vosotras sois, flores de antaño,
en la rueda sin ruedas de la vida,
en la rueda sin tiempo de la suerte.

Pasad, pasad, jinetes en los potros
de blancura de espuma o noche o fuego,
pasad, pasad, sonando espuelas, cascos,
cascabeles de plata, agudas risas,
glisandos de organillo y de verbena.
Pasad, pasad por turno, disfrazadas
de eternas niñas que en la mano aprietan
las monedas del pago,
para que otra vez más y todavía
los caballitos giren, rueden, troten,
torciendo entre los árboles su fuga.

Ay, anillo en el aire; ay, brisa, brisa
mareadora de frentes.
Ay, mi vida que fue, que vuelve. ¿Entonces?
¿Sois vosotras –decidme–, y me mirabais
dándome cielo desde vuestro trono,
me mirabais así, niño a la orilla?

Mi Santander, mi cuna, mi palabra

Elegía de Atarazanas

Ni ascua ya, ni ceniza ni pavesa;
aire en el aire, luz en el sobrado
de la santa memoria. Aquel tejado,
trampolín de aquel sueño que no cesa;

vuelve la golondrina y embelesa
con su trovar mi oído enamorado,
y está el cielo del Alta serpeado
de altas cometas que el nordeste besa.

¿Todo es ya nada? El fuego ¿también puede
devorar la ilusión, lo que no cede?
A ese alado ladrón ¿no hay quien le ladre?

Nada es ya todo. Viva está mi casa.
Es verdad. No te has muerto. Un ángel pasa
por tus ojos azules, madre, madre.

Emilia

La adelantada fuiste tú en la tierra
    a sonreír desde la cuna,
tú, nuestra adelantada hoy en el cielo,
    rica de primogenitura.

Si la primera entre los diez hermanos
    fuiste en la cuna y en la tumba,
más crecida entre todos, nos preparas
    en nueva casa nueva cuna.

Hoy es quince de agosto y es el día
    en que María el cielo surca:
que Ella te diga que en ti espero y pienso,
    tú, su azucena en las alturas.

Yo era un niño de meses, tú una infanta,
    virgen de musas y de músicas.
Entre tus brazos de soñada madre
    tú me estrechabas con ternura.

Durante trece meses que mi lengua,
    pétalo apenas que se curva,
no supo articular la santa sílaba
    que leche y madre clama y busca,

fuimos tú y yo de padre y madre hermanos
    –nuestra mudez, madre profunda–
y al pensar que ya pronto me perdías,
    más me robabas cada luna.

Tú chapuzabas en mis ojos nuevos
    tus ojos fijos de preguntas
y hablaban con las mías tus pupilas
    voces de arroyo que susurra.

Al jugar tu recelo y mi inocencia,
    mi transparencia con tu angustia,
sentías derramarse en tus entrañas
    mil cataratas de clausura.

El mundo para ti se te abreviaba
    entre mantillas y entre espumas;
mis puños sonrosados que esgrimía
    eran tus flores, sólo tuyas.

¿Cómo de aquellas pláticas sublimes
    la clave hallar que las traduzca,
de aquellas letanías de amor puro,
    de amor que lleva a la locura?

El padre y los hermanos nos miraban
    y se asomaban a la cuna,
al umbral del misterio doloroso
    de aquella sima taciturna.

¿Acaso ya sabías, dulce hermana,
    dulce doncella sordomuda,
que Dios que te selló boca y oídos
    para embriagarte de su música,

desataría un día mi trabada
    lengua discípula y adulta?
¿Sabías ya que yo iba a ser poeta?
    ¿No eres, tú, Emilia, quien me apunta?

Niebla en la Sía

Niebla, niebla en la Sía.
La clara nitidez del valle idílico,
los oscuros, concretos cajigales
de Quintana y La Gándara,
quedan abajo inmersos como en sueño.
El corazón se ensancha según sube
la ruta pedregosa. Este camino
cuando sólo era senda de pastores
y guía de herraduras
fue hollado por la planta infatigable
de mi padre zagal. Y ahora no veo
a un lado y otro,
detrás, delante, sino las vedijas
de la madrastra, de la borradora
que disuelve la luz y niega el cielo.

¿Dónde está Cacerneja, la cabaña
para el pasto de estío y el finísimo
verde de vellorí que el toro pace?
Ciega la prima tarde todo encuentro
con la leyenda, con la fuente pura
de mi vida que aquí de otra manera
se desangraba sin cesar cantando.
Porque ahora mismo, ya vertiente abajo,
estoy tocando la orla,
besando con mi boca el vaho materno
que la pradera exhala
sin poder abrazarla con mis ojos
ni medirla de un tiro de mi honda.
¿No he sido yo también zagal de ovejas?

Al fin la niebla danza y se retrae
ante las torres de Espinosa fieles.
Y otra vez giran sus setenta velos
cuando a la hora del ángelus
entro en Santa María de las Nieves
–cúpula sin linterna–, las Machorras.
En esta pila recibió el bautismo
Manuel Diego Barquín. Fuera la niebla
sigue negando el mundo y afirmando
la fe, creer lo que no vimos.
Y entramos en la noche redentora.

Santillana sin Mar

A José María Chacón y Calvo

El paisaje está triste. Esta mañana
alguien pasó deprisa, al hombro el dalle.
O era el solano que del monte al valle,
del valle al mar rodaba en caravana.

Y ahora es la tarde. El cielo, de manzana.
La huerta –en vano que la moza salle–
sedienta de terrones. Y en ventalle
se aduerme el sur, tumbado de galbana.

Velo de luto cubre el campo en torno:
la calva piedra y el oscuro piorno
rodeando una fábula de escudos.

Santillana sin Mar. Los horizontes
sueñan aún manadas de bisontes.
Y los siglos de Dios duran desnudos.

El Jándalo (Sevilla y Cádiz)

Santa Paula

En el compás de Santa Paula
había pájaros abriéndose,
celestes trepadoras granadillas,
un silencio de sueño de maitines,
una abeja insistiendo.

Y como en un murillo,
un cesto con labor en una silla.

Sevillanas

Venid a ver, los príncipes del mundo,
arios, semitas, chinos, indonesios,
nietos de Cam elástico, hindúes,
incas de oro, egipcios o gitanos.
Venid a ver bailar dos andaluzas

–dos sevillanas puras–, sevillanas.
Ellas y el baile así se llaman, Justa y
Rufina ya bailaban sevillanas,
púdicas flores derramando gracias,
cristianas alegrías sevillanas.

Venid, entrad mejor que a las casetas,
en las íntimas casas sevillanas.
Las niñas de la casa –Luz, Rocío–
van a bailar las cinco sevillanas.

Ved cómo se entreabren y entrecierran
tirsos, capullos, ramas sevillanas,
cómo se esquivan, buscan, curvan, yerguen,
riman, rubrican firmas sevillanas.
Dos mariposas crúzanse academias
–sin llegar nunca al beso– sevillanas.
Los palillos felices vuelan, tornan,
aletean, gorjean sevillanas
y quiébrase al final cada figura
en variación de estampas sevillanas.
Éxtasis somos casi transparentes,
casi llanto de ver las sevillanas.

Nada en el mundo –confesadlo, príncipes–
nadie como vosotras,
sevillanas bailando sevillanas.

Noche de Sanlúcar

De Sanlúcar sé el olor,
que no lo sabía,
que el aroma de la caña
–Turina sí lo sabía–
no es lo mismo aquí en la playa.

De Sanlúcar sé el sabor
–marisco, bajo de guía–
lengua de esponja y de sal
                    natural
de Andalucía.

De Sanlúcar, ¿el color,
el sol, la luz, lo mejor?
Nada. Niente.

Noche de veda.
                    Relente.
Sanlúcar, que sí, que no.
Sanlúcar de Barrameda.

El Cordobés dilucidado

«El Cordobés» dilucidado

«El Cordobés»
–¿lo ves?,
¿no lo ves?–
no es lo que es,
es lo que no es.

«El Cordobés» es un estratega
y de tanto como se entrega
y se arrima
las balas le pasan por encima.
«El Cordobés»
es el toreo al revés
y es el mechón de través
y la muleta rabieta veleta
pero sujeta
–derecha, izquierda– a la escondida rima
que de eco en eco canta y se aproxima.

«El Cordobés»
es el bordón reñido con la prima
y la mecánica muñeca
que tuerce y quiebra la embestida seca.

«El Cordobés»
es el toreo en inglés,
en danés
y en pequinés
y en volapuk y sin mover los pies.
¿Si no te quitas tú te quita el toro?
A «El Cordobés» el toro no le quita.
«El Cordobés» imita la mezquita
menos cuando andando, andando
se va del toro y es Pasos Largos con todo el alijo
por Sierra Morena
–«adiós, mi hijo»,
dice a mi lado una chilena–.

Él es rural y tónico y sonoro.
Bendito sea «El Cordobés» de oro
y sus salidas por Úbeda carrera
y cuando sale el sol por Antequera.
«El Cordobés» hereje
excomulgado sin concilio exprés
por su tejemaneje
y porque suma: dos y dos son tres.
«El Cordobés» de puja y de subasta,
de espaldas y al trasluz, al sesgo, al bies,
que se inventa con casta
el toreo que es porque no es.
«El Cordobés» no sabe ya si existe

y se palpa y se suena y se jalea
y en rapto como Elías por el cielo se pasea.

Y tú, recalcitrante negativo y triste,
vete a ver al fenómeno y al númeno
y apúntate catecúmeno
de la flámula y la fe de «El Cordobés».
De «El Cordobés»
ay,
que en San Sebastián le cantan ¡bai!
y que en Bilbao le gritan ¡es!
¿Y en Málaga? Por supuesto, ¡oui!, ¡ja!, ¡yes!

«El Cordobés»
podría ser un gran torero
pero
él prefiere ser un ente
terráqueo y refulgente:
«El Cordobés».

Vuelta del peregrino

Milagro en Altamira

A Emilio Botín-Sanz de Sautuola y López

Creer lo que se ve: la fe suprema.
Milagro en Altamira. Hoy se descubre
la dimensión tercera de la historia.
Ya no es plana la fábula del hombre.
Ya es cavidad, relieve, perspectiva.
Ya podemos meter hasta los codos,
y más que Don Quijote en Montesinos,
los brazos de la ciencia y la aventura
sin temor de encontrar fondo ni límite.

Tiempo del hombre son doce mil años,
tiempo del hombre y no prehistoria, historia.
Y los bisontes bajan a embestirnos,
bramando: «Ayer es hoy también. Palpadnos».

Y la niña creía. Eran sus ojos
ventanas de la fe, la fe purísima.
«Toros, toros pintados. ¡Mira!» Eran
doce años inocentes. Cada año
profundizaba mil años de caza,
de religión, de magia, de escultura.
Bulto y línea, color y movimiento
nacían –vida y sueño, arte y materia–,
nacieron, nacerán, siguen naciendo.
Prodigioso acordar de dos edades.
El cristal de la fe y la antorcha trémula
de la ciencia humildísima ensayando,
alumbrando reliquias, presta siempre
al sacrificio heroico de la hipótesis.

¿Abraham e Isaac? No. Es una niña,
su hija. El padre mira, no da crédito
a lo que ve, está viendo. Está tocando,
siguiendo con la yema de su índice
el perfil prodigioso, el anca eléctrica,
lomo abultado, testa revirada,
astas en lira que se desvanece.

La humedad de la cueva suda gotas
y le moja la mano que acaricia
–protuberancia natural– el vientre,
creación ya del arte, honra del hombre.

Y el padre ya no palpa, ya no mira,
cierra los ojos, reza, abre sus ojos,
mira los de la niña y cree, cree.

La voz de Federico

Qué pena que el archivo de palabra española
no captase en su cera la voz única.
Cuando todos nosotros sus amigos testigos
terminemos de morirnos,
con nosotros el timbre inolvidable,
sus inflexiones se desvanecerán.
Desvanecer, tremendo destino de lo humano,
y esta vez sin siquiera el engaño piadoso
del habla en noria atada
que gira y gira y gira desgastándose.
Como esa luz de estrella
que estamos contemplando y ya no existe.

Tan sólo su pianillo
cascabelero, fresco, exacto, ritmo puro,
nos sonoriza la memoria suya.
Y, sí, yo le estoy viendo,
acercándose, todo luz, sonrisa
–triste sonrisa alegre, luz morena–.
Y le veo sentado
echando atrás por encima del hombro
–golpecito del dedo–
la ceniza del pitillo.

Pero es su voz, su voz la que me llega,
la que en mi oído vive,
su voz como encuevada, suavemente ronca,
de un tono pardo único,
y su recitación –música y gesto–
y sus ondeadas, íntimas carcajadas

–ejé, ejé, ejé–
celebrando sus anécdotas,
verdades milagrosas de lo increíble.
El día en que se invente, si se llega a inventar
la poesía de palabra-ruido,
la música concreta del idioma,
podremos remedar su voz y su metal oscuro.

Háblame, Federico. Tantas noches
sueño que no has muerto,
que escondido vivías y estamos en Granada,
una maravillosa Granada distinta, tuya y mía,
y otra vez o la misma somos jóvenes
y nos contamos cosas, proyectos, dichos, versos.
Y tu voz suena y eres tú, gracias a ella.
¿Quién, ni en mundo de sueños, podría falsificarla?
Tu voz que me habla siempre, que me llama,
tu voz, sí, tu voz llamando,
tu voz clamando...

Odas morales

A los vietnameses

La ley de la rapiña
sigue imperando en cerco tenebroso.
Innoble rebatiña:
dragón, águila y oso
tras cordero interpuesto entablan coso.

Ese bella entre eses,
curva el país su costa. Horrendo tajo
la hiende. Ay, vietnameses.
Culpa brutal contrajo
quien el hacha blandió de arriba a abajo.

Alemanias, Coreas
clamando están. ¿Y a eso llamáis victoria?
Político: no seas.
¿Decíais que la historia
maestra es de escarmiento? Oh ciega noria.

Una vez desatado
el blanco, el negro, aceitunado odio,
quién verá cancelado
su último episodio
y al ángel de amor volar custodio.

Tiempo fue en que la vida
foliaba en paz calendas y sosiegos.
Al Buda obeso, ardida
por bonzos y por legos,
subía la fragancia de los ruegos.

La fresca y honda orquesta,
heridora de pieles y metales,
en ecos de floresta
y gamas virginales
desnudaba sus timbres de cristales;

y ondeaba la danza
–flores cabeceando en su cestillo–
y liturgia y balanza
–viso verde, amarillo,
naranja– serpeaban el anillo.

Oh paraíso. Helechos,
cañas bambúes, hojas que crecían
del tamaño de lechos
a amantes protegían
y en túneles sombríos escondían.

Y ahora buitres hinchados,
abortos de las nubes demenciales,

abrasan los poblados,
desmoronan bancales,
ensangrientan espejos de arrozales.

Donde la garza airosa
bajaba a hundir en ciénaga de ría
su pico y sobre rosa
zanca después se erguía
y de sus alas el paypay abría,

hoy leve oscila y baja
—hojas van por los vientos impelidas
y otoño las baraja—
llorado por sus bridas,
un muerto a tierra en su paracaídas.

Carmen jubilar

Carmen jubilar

Carmen, cántico, coro,
cantad conmigo, uníos a mi júbilo
pues por vosotras y vosotros vivo
y solemne y humilde estoy pasando
bajo el arco triunfal
que vuestros brazos ágiles erigen.

Arco sin puerta. Del azul venía
y al azul sigo. Toda es transparencia
mi vida en este enlace
de un pasado que queda
a un presente constante que advendrá.

Humana obra de misericordia,
enseñar al que quiere saber el que no sabe.
Y sin interrupción cuarenta y seis años
y medio.

Qué aprendizaje hermoso de inocencia,
de ciencia y de paciencia,
y cuánto respirar, beber poesía,
poesía alumna, mi única maestra,
mi juventud perenne. Oh, gracias, gracias.

Cuando los años son cursos
a caballo de años,
no se arruga la seda del verso,
tan terso ahora
como en la ilusa evasión por el portillo de la jaula.
Jaula y aula.
Y vacación.
Libres las alas hacia la aventura.

Vosotros los de Duero en la ribera
cantaréis –¿me permites, Garcilaso?–
mi poesía al raso y de frontera,
y no mi muerte, no, mi vida al paso
cantaréis cada día.

Y en vosotros, mis cántabros y astures,
discípulos del alma, me contemplo
como el niño que un día fui,
que soy ahora y hoy.
(Hay foto de jardín y escalinata
y en el bolsillo cápsula y bovedilla de eucalipto.)

No os olvido a vosotros, chicos, chicas
madrileños, velazqueños
de toda España, al aire de la sierra
despiertísimos, hoy también varones,
madres, como ya abuelos los de Soria.

Y a vuestra rapacina prole, gijoneses –ese
es un sexto discípulo-nieto del que a Jove
supo heredar el nombre augusto y sacro–.
Ni menos a vosotros, amigos de mi brindis,
con la ventana abierta
a mi bahía verde de abril nuevo
–1920, Dios sea loado–.
A vosotros, los vivos y los muertos,
muertos pero vivientes en mi abrazo,
uno por uno nominados.

No, ni a vosotros ni a vuestros hijos,
hijos predilectos
de vuestra sangre y de mi verso.
Ni a vosotros podía bajo mi arco de júbilo
–de invisible laurel sienes ceñidas–
no deciros: Estáis, estáis aquí conmigo,
josués de un sol que me calienta y dora.

Mas si apretada piña de muchachos
rodeando al maestro le remoza,
¿qué decir de vosotras,
lindas beatrizgalindas
que mi vida madura tan intensamente aromasteis?
Bien lo sabéis. Nunca sentí fatiga
de hablar, de persuadir, de desnudar bellezas y emociones
para vosotras,
porque me rodeabais siempre y siempre
en capullo o en flor recién abierta.
Los intangibles años de la alumna
fijos están aunque la luz se mude
de verde a negro, de castaño a azul
en la fragante pregunta y misterio

de los ojos distintos.
Los siempre trece o diecisiete
hacen florecer siempre cada curso
el árbol del maestro y del poeta;
de un maestro todo dudas,
de un poeta que apenas si ahora aprende
y para aprender más cierra los ojos
y se esconde en su casa
para seguir soñando con vosotras.

Jardines de la Villa de Este

Jardines de la Villa de Este.
Bajan las aguas, suben, cantan.
Jilgueros, tordos, ruiseñores,
refrescan la hora meridiana.
Los cipreses viejos de siglos,
robustos y firmes de espaldas,
sostienen en el azul gloria
bóveda de invisible traza.

Jardines, túneles, grutescos,
éxtasis, suicidios, barandas,
piedras verdosas, corroídas
por el tumulto de las aguas,
musgos en monstruosos muñones
de mitos sin caños de gárgolas,
mientras surten en las glorietas
blancos cipreses de fontanas.
Jardines para estar callado
junto al silencio de la amada

o envuelto en su presente ausencia
con la queja y goce del agua.

Jardines para estar oyendo
entre las aves que discantan
el piano del Abate Liszt,
cántaro de samaritana
volcando, alzando, sosteniendo
aguas y perlas y nostalgias
de la melodía infinita
que canta y que canta y que canta.

Suben árboles brolladores,
suben altísimos, desgajan
–cimera, indecisa, anhelante–
su última rama de esperanzas
y de su derrumbe armonioso
nace otra vez la osada lanza.

¿No es éste el sueño de los ángeles
bajando y subiendo la escala?
Hay que caer con todo el peso
para volar con toda el alma.
Y éste es el misterio visible,
el pecado que mueve la Gracia.

Sólo dos seres en la tierra
nos evidencian cielo o patria.
Música que vuela a su origen,
agua de pie, columna santa,
y entre las dos olvida el hombre
que lleva arrastrando las alas.

Ofrenda a Chopin

Estoy oyendo cantar a un mirlo

A Miledda D'Arrigo

Estoy oyendo cantar a un mirlo.
Canta el mirlo perchado allá arriba en el cedro.
Canta el mirlo escondido en el paraíso terrenal.
Adán y Eva gozaron de este mismo mirlo
que me vierte gotas, perlas de siglos deshiladas en música
                        [sin nubes.
Estoy oyendo cantar a un mirlo.
Estoy oyendo cantar al mirlo de mil novecientos cinco
en el magnolio de lustrosas hojas
que brillan a la luz como sus plumas.
Estoy oyéndole cantar detrás de éste, dentro de éste. ¿Dos
                        [o uno?
Se llamaba Wolfgang. No. Se llamaba Franz.
No. ¿Se llamaba Mirlo, Merle, Merlín? No. Se llamaba

–negro en verde como mirlo en magnolio, como seis
[letras mayúsculas en cuaderno de música–,
se llamaba Chopin.

Estoy oyendo cantar al mirlo en mi memoria.
En el fondo de mi memoria,
en la fronda del bosque de mi memoria,
otra vez en el fondo del pozo de mi memoria,
allá por mil novecientos cinco,
que es adonde alcanza el carrillo del pozo chirriando
que me extrae chorreando agua y brillo de agua de
[plumaje negro,
brillo de sol bemol o luna sostenida,
cubo fresco y profundo de agua de siglo, de agua de
[mirlo, de agua purísima de Purísimo Chopin.
Y estoy oyendo cantar a un mirlo.

Y estoy oyendo cantar a un mirlo.
Desde mi balcón, ahí enfrente, escondido en el heredado
[cedro del paraíso.
Y cierro los ojos y distraigo los oídos
y estoy oyendo cantar a un mirlo
distinto aunque el mismo,
disfrazado de plumas de vals, de polonesa, de mazurka.

Pero es un mirlo.
Un mirlo con su pico
clava –exactamente superpuestos– todos los siglos.

Estoy oyendo cantar a un mirlo
tan gigante que parece un águila,
águila huracanada que se nos viene encima

como la catarata rabiosa de la mano izquierda en el
         [estudio de Polonia destrozada.
Y ahora es un mirlo de colores que se ha quitado el luto
para silbar mazurkas
y aprender lazos, quiebros, mudanzas y batahola
de las garridas muchachas de Zelazowa-Wola.

Estoy oyendo cantar a un mirlo,
un Purísimo Mirlo que su pico suaviza
para hacernos dormir dormir dormir
soñando mirlo bebiendo mirlo dulcísimo de berceuse,
navegando mirlo de exaltada y fastuosa barcarola.
Estoy oyendo cantar al felicísimo Merlo Spianato en su
        [Boboli Napoli (oh Vincenzo,
oh merlísimo y bellísimo Bellini)
y acariciar cantando
en andas, en volandas del andante,
la melodía del mirlar más puro.

Y estoy oyendo cantar a estotro mirlo,
el mirlo del jardín de colegialas
con fondo de mirada –negro brillar de mirlo en la mirada–,
de mirada de primera novia,
el mirlo, el mismo mirlo –oh maravilla,
oh dicha adolescente, embriaguez coincidida de música y
           [de novia–.
Mía es la vida, la ilusión verde y rosa en sostenidos de
          [impromptu,
mío el mirlo de raptos y de éxtasis, mirlo místico,
inmóvil abanicándose en el aire.
Y yo cantando los celestes compases,
tocándolos al aire,

naciéndome poeta bajo la delicia
febreril y cantábrica del oblicuo chubasco.

Estoy oyendo cantar a un mirlo,
a mil mirlos que se engarzan en descendente hélice irisada
de caprichosa, inversa, salomónica armonía,
al mirlo Mil y Uno
del estudio en fa –redoredosido la sol fa do– en su última
                                                        [página,
a ese mirlo que entra y sale burlándose y riéndose,
creando y descreando sus acordes velocísimos posibles e
                                                        [imposibles,
arpegiando el vuelo para que el canto se transparente al
                                                        [trasluz de oro
(oh soñador fraterno, mi vehemente, mi predemente
                                                        [Schumann),
para que lo instantáneo se haga eterno y lo eterno
                                                        [instantáneo
y el viento esculpa al viento.

Estoy oyendo y estaré oyendo siempre
a este mirlo de esta tarde, de aquella aurora,
a este uno y mismo federico mirlo, Purísimo Chopin,
mirlo negro, rosa y verde de mi eternidad.

La fundación del querer

La fundación del querer

La fundación del querer
es una suerte profunda.
Se funda lo que se quiere,
se funda lo que se busca.

Lo que se anhela que dure
más que atracción, más que junta,
más que vida, más que muerte,
más que luz, más que locura.

No se sabe cómo ha sido,
una chispa que chamusca
y lo que azar parecía
ya es el pleno, es la fortuna.

A mí me has tocado tú
y tu órbita se consuma

enredándose en la mía
y las dos son sólo una.

Se funda lo que se quiso
a fuerza de fe y de angustia.
Se funda el mar y la tierra.
También el querer se funda.

Versos divinos

La palmera

Si la palmera pudiera
volverse tan niña, niña,
como cuando era una niña
con cintura de pulsera.
Para que el Niño la viera...

Si la palmera tuviera
las patas del borriquillo,
las alas de Gabrielillo.

Para cuando el Niño quiera
correr, volar a su vera...

Que no, que correr no quiere
el Niño,
que lo que quiere es dormirse
y es, capullito, cerrarse

para soñar con su madre.
Y lo sabe la palmera...

Si la palmera supiera
por qué la Virgen María
la mira...
            Si ella tuviera...

Si la palmera pudiera...
            La palmera...

Habla el alma

Ten compasión de mí. Yo no soy presa
digna de ti, soy alma en que alguien llora.
No me castigues. Tengo miedo ahora.
No vengas. Déjame. No. Por sorpresa

no, no. Anúnciate. Plazo. Promesa
y siempre diferida, incumplidora.
Vuela alto, gavilán, que así te adora
esta pobre reclusa, esta princesa.

Trueno horroroso, atrás. No me acongojes
con tu pico y tus garras, Dios sombrío,
Dios del oscuro amor y noche oscura.

Que yo, erizo de espín, me cierro dura.
Mas Tú, loco, a abrazar. No. No te arrojes.
Que no, que te haré daño. Ay, amor mío.

Cementerio civil

Mortal, mira esas nubes

La vida es sueño, ecuación, plurivalencia.
Es ganas de dormir, qué sueño tengo.
Y es el dormir mismo, la dimisión involuntaria.
Y en el limbo del durmiente
la vida es fantasmagoría,
la vida es, son los sueños,
nubes de Debussy que suavemente
resbalan, giran, mudan luces, timbres,
ademanes frustrados, vagabundos.

Y la vida es también el otro sueño,
sueño del despierto,
el sueño del amor.
Y la vida más y más y todavía
es el sueño definitivo,
el del ancla en tierra.
La vida es muerte.

La muerte es esa agarrotada vida
que sin conciencia aspira al sueño tacto,
es el cero absoluto entre paréntesis.
Sublime apóstrofe aquel de Medinilla:
«Dinos, Muerte, así vivas».

Habló por fin la Muerte muerta.
Habló por fin la Muda y volvió al Ser
y otra vez fue, principio sin cesar,
el Verbo.
La vida es sueño, sueño en el sueño,
caerse de sueño, levantarse de ensueño,
muerte sin más y muerte de la muerte.

Mortal, mira esas nubes.

Revelación de Mozart

A Antonio de Zubiaurre

Todo es divina superficie, todo
humanidad profunda. Mozart vivo,
pintura vegetal, hoja aplicada
a una pared, él y el misterio
del vacío infinito. Y una línea
–bisel cortante– en ángulo quebrada
que es un perfil de espejo metafísico.
Nadie intente salvar esa frontera
entre la plenitud y el lienzo puro
o la nada. Los dos orbes eternos,
la vida y lo que nunca nacería.

Es imposible ya comunicarse
sin cortarse los ojos que se atrevan
a transgredir la puerta. Pero el hombre
de ese retrato está mirando allendes,
tocando, revelando con sus ojos,
sus ojos que querrían ir de vuelo
si las riendas sutiles no tensaran
su esclavitud. Los ojos mozartianos
bañados de otra luz que no es la nuestra
besan, rajan cristal, niños y abiertos
en abultado éxtasis, nos salvan
al salvar el abismo, nos redimen.
Oh Mozart, Mozart flor, libre y atado
para quedarte siempre con nosotros.

Tres voces niñas cantan a la puerta
del misterio inminente. Hechiza un pájaro
las nieves y los juegos de una flauta.
Y la revelación ya en nuestros dedos
se deja acariciar, nos da sentido.
Con las piernas cruzadas toca un niño
de nueve años –triste ya y jugando,
creando melodía y equilibrio–
el pianoforte que ahora está naciendo
al tacto de unas yemas delicado,
y no al hundir, al levantar las teclas
timbra, encadena, cristaliza escalas
y aroma de myosotis todo el ámbito.
–«"No me olvides". La música es no olvido
y yo sólo sabré toda mi vida
decir cómo os quiero y cuánto, cuánto
–no me olvidéis– seré menesteroso

de vuestro amor. Y así como ahora errante
de corte en corte os lo voy cantando,
improvisando variaciones, arias,
sonatas onduladas de agua fresca,
así continuaré transparentando
cada año de mi vida más profunda
mi pena sonreída azul myosotis.»

Rocas, fontanas, plazas de Salzburgo
en la octava del Corpus. Un sol lírico
calienta en los jardines de palacio
las casi negras máscaras mortuorias
que fingen los enormes pensamientos
entre los jaspeados y amarillos.
También la tierra piensa, piensa y canta,
y sus muertos se asoman a la vida
a gozar de este sol, oro de música,
y a oír cantar los mirlos y los niños.
La tierra, el ruiseñor, el niño, el muerto
cantan sobre la orquesta que hace el río,
cantan, miran y piensan. Tal la vida
se enreda con la nada y doce tonos
modulan de uno en otro sus mensajes
–color melancolía, matiz gloria,
tinte desmayo, iris esperanza–.
No olvida, no, la música. Ella cree.

Mas qué verán los ojos –¿niño, hombre?–
que así penetran más allá del límite.
Porque ellos ven la bienaventuranza
y la espejan en cláusula, en cadencia
ofrecida al candor, porque ellos rondan

y descubren la espalda de los sueños,
por eso ya nosotros nos alzamos,
somos corpóreos, prietos e infinitos,
sabemos dónde pisa cada instante,
por qué curvas, volutas, por qué estrías
resbala tan feliz, a qué se expone,
cómo se salva y gira y es ya otro
y a la vez sigue siendo el mismo, suma
de todos los instantes presentísimos,
orbe acabado y siempre siempre haciéndose.

Y terco el pulso azul myosotis, péndulo,
pisondero, alzacola, menudico,
lecho latido, golpeado, cifra
entretejida, leve, queja y goce
en simple identidad para que el tempo
y el ritmo alcen sus brazos allá arriba,
sus libres acueductos donde surcan,
transcurren con las nubes las estrellas.
Todo se hace y se deshace, todo
se logra y se malogra, torna, gira,
tal una pompa de jabón que sube,
desciende, globo frágil de colores,
tensa esfera que nunca nunca estalla
porque consiste, vuela, vuelve, es.

Y habló el cuarteto ahora: «Ya he explorado
todo, arranqué a la esfinge su vacía
mascarilla. ¿Y no hay más? Dadme otra viola».
No era sólo la pena, era la alada
habitabilidad plena, absoluta,
la quinta dimensión que descubría

hacia el dolor o el gozo su poliedro,
su ángel de cuatro velas y un navío.
Siempre una voz ¿de más?, no, de conciencia
tan injertada al fuste que está obrando
la unidad de Narciso, el morar dentro
y fuera a un tiempo mismo, divisándose,
duplicándose y ya perteneciéndose
o extraperteneciéndose:
                                    las cuatro
angélicas opciones que se esperan,
se entrecruzan, se evaden paralelas,
se arrepienten, preguntan y preguntan
por la ninfa, la siempre retrasada
–como en el juego de las cuatro esquinas–
volando, sucediéndose, arpegiando
el anhelo, la angustia que se alza
hasta la infinitud de la novena
para ir desmoronándose en sus pétalos.
Y sin cesar un punto, la amorosa
quinta presencia –arroyo, guija, beso,
pespunte mesurado– certidumbre
del existir en el sesgar del tiempo.
Cinco arcos multánimes, unánimes,
y un solo ángel sin cesar perdido.

Y en cuanto al otro ángel, recobrado,
ése es el del amor y del teatro,
porque la escena es, no la conciencia,
la ciencia. En ella sabe lo de todas
las almas, todas, sí, menos la suya.
Entre el acuario escénico y la sala,
grana y oro y espectros de otra vida,

viene y va la piedad, drama jocoso.
Y Mozart canta y llora, rasga, incendia
la tela del vivir. Duerme la vida
y sueña que es teatro y que es de música
el pensamiento humano. Fantasía
son esos palcos, tronos, damas, príncipes,
y realidad, irrefragables seres
las melodías sobrevoladoras.
¿Dónde están las palabras? Ya no existen.
¿Dónde personas, máscaras? Disueltas,
absueltas en las ondas, los metales
de transfiguración por timbre y gracia.

Y las manos del niño entre cartones,
colores, perspectivas, cortan, arman
escenarios de grutas, líneas, ecos,
templos, serrallos, bosques, horizontes
de mar en lejanías de violines,
la modulable irrealidad del tacto.

Manos del niño, manos del anciano
que en huerto oculto por sí solas viven
aunque el hombre invisible, el evadido,
el cumplido muriese a la edad justa
como fruto en la flor ya consumado.
Pero esas manos que se desarrugan,
que se achican, suavísimas, mimosas,
para jugar entre linterna y muro
a las sombras chinescas –borriquillo
que habla, mariposa, liebre, trucha
que salta y riza espumas y mordientes–
esas manos o rosas o capullos

o fragancias errantes o caricias
siempre se están abriendo en jardín verde,
se están plegando de pudor y ensueño:

Para que más arriba, ojos ilímites
–adultos ya y astrales, emigrados–
nos descubran situado el paraíso
que hormigas como ángeles mensuran
–prisa de artejos y frescor de alas–.
Música desde el cielo para el hombre
a su medida clásica y divina,
revelación herida en el costado,
oh Mozart mío, de ese tu universo
que es el regazo puro –los timbales
de tu agonía ya alejaron truenos,
ya el azul restaurado de Salzburgo
celeste es el celeste azul novísimo–
universo o regazo revelado,
el estado de gracia, el ser de gracia,
prenda de salvación por el retorno
en espiral al mástil del no olvido.

Cometa errante (Hojas)

Los árboles de Granada

A Manuel de Falla

I

En el principio fue el invierno.
No. No fue la primavera.
En el principio fue el sueño soterraño.
Las raíces escarbaban con sus uñas.
El mantillo de hojas mojadas y podridas
entra en las entrañas de la madre.
En el principio la madre, la invisible, sueña.
Duerme y sueña.
Espera y sueña.
Despierta, empuja y sueña.
Trabaja y sueña

> Manuel de Falla se encierra en su torre diminuta,
> su torre, su almendra,

toda prieta de sueños y sansueños.
Manuel de Falla, eremita,
reza, inventa, trabaja, tañe, acendra.

Árboles de la Alta Antequeruela,
del Albaicín cerrado y aterido,
de la Vega hortelana bien podados,
de los místicos Mártires,
curvados sobre el Darro,
trepando al Sacromonte,
por los paseos melancólicos,
alamillos de su barrio, lanzas, filos,
guardia firme, infatigable
de cipreses sin sueño ni relevo,
y tiendas de campaña a la redonda,
de asombrado verdor, tiempo durmiente.

II

Marzo marcea, Abril se abre.
Mayo delira. El Corpus sangra.
Árboles de la primavera.
Árboles del soto.
Árboles del bosque.
Árboles de la vida.
Árboles, árboles, árboles.
Daos prisa, yemas, hojas,
savias, resinas, impaciencias,
capullos mínimos, flores, fragancias,
sombras móviles, toldos indecisos,
nubes errantes, lluvias de la sierra,

aguas felices, arroyos, albercas rizadas,
cotas de malla, agujas,
acequias y barandas y deslices y escuchos.
¿Cómo fue el milagro, muñones, codos, varas quebradizas?

      Manuel de Falla me lleva a la Alhambra.
      –Que le enseñen Granada los amigos.
      Pero a la Alhambra le acompaño yo–.
      Llueve leve llovizna.
      Hay que volver a casa a calzar chanclos.
      La Alhambra se disfraza de Cantabria
      pensando así adularme.
      Y cómo huele, qué humedad suavísima.
      Cómo tiemblan de amor
      las aguas aéreas del Generalife.
      Y guardamos silencio.
      Sólo los ojos hablan, gozan juegos
      de verdes, rosas, granas, amarillos.
      Y yo le miro escudriñando
      –ritmos, ritmos, ritmos–
      su secreto manar de nueva, esbelta música.

Álamos negros, álamos de plata,
olmos, moreras, ailantos, aligustres.
Arpegiadores cedros y su ventalle en la sien de San Juan.
Y los castaños de Indias alumbrando sus situadas candelas,
y el magnolio que esconde, asoma ya sus cálices,
redundando indecibles esencias y opulencias.

III

Ya está en su ser el bosque.
Ramas, hojas, se abrazan, se entrelazan.
Ya llegó la unidad, la plenitud.
Toda la Alhambra es un solo verde,
un verde solo de mil colores abolidos,
un universo verso de mil versos unánimes.
Es la cumbre del año, el logrado paraíso.
Todo se estipuló para llegar a esto:
El bosque en su ser.
Y la arquitectura, la pálida, la rojiza,
temblando en sus paneles de miedo y de placer.
El bosque, el alma una de la Alhambra.
Todos los tordos son un tordo,
un ruiseñor los prolongados ruiseñores.
Fuera, en corros, en hileras, en plazuelas,
sueltos, exentos,
a cuerpo y aire limpio y ardoroso,
los árboles de abajo
sosteniendo en sus hombros el verano.

> Y vuelve el maestro a su celda.
> Atrasa su reloj dos horas
> y así la mañana laboriosa es infinita,
> y la tarde sesteante y charladora,
> y la noche de errantes estrellas
> no tiene nunca prisa.
> La música tampoco.
> Lejanos grillos cantan, cantan.
> Y Manuel de Falla crea en sueños.

La vida humana ¿será bosque,
un archipiélago de ínsulas rebeldes?
¿Quién manda a quién?
¿Es la estival la sazón de los hombres?
¿Vivimos para morir, morimos para vivir?
¿Semilla, hoja, flor, fruto?
Los árboles nos hablan: aquí estamos.
Aprended de nosotros.
Y vuestra vida sea bosque eterno.

IV

El otoño amarillo.
El otoño de oro.
El otoño de fuego.
El otoño de lumbre, de herrumbre, de ceniza.
Altas llamaradas quietas.
Vestirse de glorias ya no de este mundo.
Árboles del otoño.
Árboles de la Vega.
Árboles del bosque.
Chopos, plátanos, álamos,
promesa y colmo agudo, ánimas en paraíso.
Los no caducos verdes luchan pero en vano.
Los azulados grises, los pizarras
reflejan ya, no absorben.
Granada arde en gloria, gloria, gloria,
y la nieve modula a cada hoja que cae.

Manuel de Falla apaga oros en su ermita.
Cierra los ojos para escuchar vuelos.

–Vístanse de esplendores la colina y la orquesta
que a mí me basta túnica negra y blanca
como a la urraca rectilínea.
Todo el otoño es templo,
holocausto al Altísimo
y de la Atlántida remota
vienen a visitarme los alciones,
dictándome modos y tientos de mar–.

El anillo se cierra.
Sin saber cómo
los oros y los cobres y los fuegos
se han disuelto en el aire.
Allá en la sierra quedan unos robles
velando con sus hojas,
ascetas y sayales y agarradas
la vida soterraña que renace.

La sombra del nogal

Homenaje a Vicente Aleixandre

La sombra del nogal es peligrosa
Tupido en el octubre como bóveda
como cúpula inmóvil
nos cobija e invita
a su caricia fresca
y van cayendo frutos uno a uno
torturados cerebros nueces nueces

Por las noches
sombra de luna muerta de el nogal

y van suicidándose una a una
sus hojas quejumbrosas
y pies desconocidos invisibles
las huellan las quebrantan las sepultan
librándolas así
del torbellino eólico
que azota a lo mortal abandonado
sobre la haz funesta de la tierra
impenetrable

Pero ¿quién pasa quién posa?
¿De quién los pies piadosos redentores?

No escribiré ya más...

No escribiré ya más un verso
en que no haya embarcado toda el alma
aunque no lo parezca
aunque se le antoje frívolo
al que no sabe la misión del fuego
y su escondido origen
Creedme todos   Una rama
delgada y quebradiza
es el bosque total
la madera y la hoja y la flor absoluta
Y hay que estar siempre cayendo
siempre creando
para hacerse creer revivir perdonar
en la insolución del misterio
El color que se evade de la pared funesta
la lágrima que ya asomaba y que se vuelve ceniza

el surco liso y sesgo del errante pajarillo
el beso de la llama a su hijo el humo
y el reflejo del deseo
en la columna giratoria del acorde
me están diciendo en lenguas inmortales
que mi grumete verso trepa
y va a zarpar sobre la mar el barco

Jinojepa del Cervantes

Ay Cervantes, Cervantes, Cervantes;
pero, hombre (y por vía de apremio)
¿por qué no llegaste quince años antes?
Déjame que te jinojepe
porque aunque sepas mucho más que Lepe
y más que Lepijo
y más que su hijo,
no sabes lo que es una jinojepa.

Una jinojepa es una chanza
como la de Cipión y Berganza
y también como hablar por bernardinas
–que ahora dicen en camelo–.
Abre los ojos y mira a Don Quijote
que ya estamos en la cueva de Montesinos
–¿otra vez, Rafael, con Marisa y Salsipuedes?–
y arriba queda Sancho Panza.

Tu Don Quijote es una jinojepa monstruosa
y tu «Vive Dios que me espanta»
es otra de juguete.

Por aquí anda Rinconete en su rincón,
cripta o boquete,
y se asoma y sube y baja un Angelo-
te García Lo-
pe,
pe, pe, yo sé lo que digo
y Cortadillo es de café con leche
y el Oidor es Carlos de la Vega.
Y el bachiller Sansón Carrasco
viene de Tomé Cecial,
y para ese chasco
hacen falta narices
y quitárselas para empinar la bota
y Sancho no lo cree el muy pasota.

Por allá va Manzanos
que guiña el ojo mejor que Maese Pedro
y el Licenciado Vidriera pegado a la misma
a ver los pájaros, las parejas y la grúa.
Y los del dominó por esos prados
ahorcando cinco dobles:
son como criaturas, pobrecillos,
y el jinojepero primero
que es Pepe García Nieto
y los votos del Clase que es Don Paco Pavón,
y los cuatro evangelistas Lucas y Marquitos
y Mateo que lo busco y no lo veo
y otro jinojepánico, Juanito Pérez Creus,
y atado a su columna de cristal y jacinto
Delgado Benavente que es otro Vidriera.

Y en un aprieto justo de poetisas
las hijas de las madres o al revés,
y en su bauprés, Garcés.

Ay Cervantes, Cervantes, Cervantes
¿por qué no viniste antes
y ahora te encoges y te alargas y te largas?
Averígüelo Vargas.
Descíframelo, Borges.

Monasterio-Silos

Silos de mi alma.
Yo te canté y te canto.
En mi pecho te abrigo.
Ahora es también el claustro
y, al azar, un capitel.
Arpías virgilianas
con sus cabezas de mujer maldita
y su alas cerradas, poderosas.
Y leoncillos vencidos por los pavorreales.
Corre por el cimacio un doble entrelazado.

Con este único símbolo hoy me alimento.
Los poderes del mal, el bien que lucha.
Sólo esta estampa prodigiosa,
y a escuchar –instante eterno–
la música sin pauta del ciprés.

Índice de primeros versos

Índice

ANTOLOGÍA POÉTICA

EL ROMANCERO DE LA NOVIA

IMAGEN